U0031265

推薦序

「變法」在任何時代都是件大事。中國歷史悠久，在兩千多年的歷史中，大大小小變法不斷，有的如商鞅變法、吳起變法、王安石變法等，無論成功與失敗都造成劃時代的影響。我們不禁要佩服這些變法提倡者，他們的眼光超前，願意跨越時代框架，以民眾福祉為優先考量。這樣高瞻遠矚、敢於衝撞的積極態度，實讓身處最高立法機構的我感到汗顏不已。

盱衡中國歷史可發現，自鴉片戰爭以來，強大的西方勢力加速了中國這個超穩定系統瓦解，在此系統中用以控制並主導政治、學術等等子系統的儒家意識型態，遭受知識份子猛烈攻擊。為了倡議「時代性」的新思維，他們試圖割裂傳統與現代的關連，於是中國開始歷來最大規模的一場變法。而這場變法固然為中國政治體制帶來巨大改變，但也讓許多傳統思維、德行從此沒落。事實上，變法不一定要把傳統全都打破，有時反而將革新建立在固有養分上，會讓體制發展的更好。

就像現在的行政團隊常被各界抨擊效能太低，許多專家學者或政治人物甚至建議「整欉換掉」，但剔除意識型態與情緒批判來看問題，會發現目前行政團隊最大的破口在於缺乏橫向整合，同一政策往往多頭馬車、各自努力，或許單一機關效能很好，但總不見整體呈獻，更遑論有時還會彼此矛盾，讓民眾無所適從。因此，面對這樣的行政僵局，我總是建議行政團隊不妨好好檢視各項政策與團隊橫向聯繫，跳脫固有窠臼，以歷代變法家的卓越眼光，調整團隊步伐，相信必能逐步落實政策、為民謀福。

很感謝《變法》一書能將管子、商鞅、李悝、吳起、申不害、北魏孝文帝、宋朝慶曆新政、王安石、張居正及戊戌變法等十個重要變法挑出來，不但分析變法前因後果，也以當代政治學、經濟學和管理學作為工具，進行深入剖析，也讓我們在翻閱此書時，能夠體會到作者以古鑑今的用心。

立法委員

江惠貞

編輯室手札：解「悶」有方？

近年來，臺灣受限於產業無法順利升級轉型，致使薪資沒有提升、失業率一直維持在4％，讓臺灣籠罩在一股「悶」的氛圍之中。如何突破當前的經濟困局，是政府與每一位生活在這塊土地上人民的迫切需求。

身處「悶」經濟時代，窮則變、變則通，求變成了不得不為之事，那麼接下來要問，變該如何變？回顧歷史，每個朝代發展到中期後，或多或少都會面臨到發展停滯的問題。如何解「悶」？如何解套？是那個時代的重要課題。據此，本公司編輯室選擇了王憶城先生的《變法》一書，希望讀者大眾能夠從書中精選的史上頗具代表性的十次變法運動，找到解「悶」之方，並從中瞥見突圍的一絲曙光。

兩千四百年前，齊國的管仲輔佐齊桓公建立了春秋第一霸業；秦孝公用商鞅之策奠定了秦日後統一六國的基礎，法家學派後人將商鞅的言行與思想及其後學著作彙編成了《商君書》，成為中國最早的變法宣言；一千五百多年前，來自北方的鮮卑拓跋氏遷都洛陽，致力消弭各民族之間的隔閡；一千一百年前，北宋的文臣集團接連發起了幾次變法運動，期盼革除弊端，開創富強新局；四百多年前，張居正掌舵的大明王朝改革了稅制，國家經濟又一次得到了飛速發展；一百年前，康有為寫下《應詔統籌全局折》，為改變清王朝日益衰落的命運作出了最後的努力……

綜觀中國歷史上的十次變法，從變法內容來看，雖然以重農抑商為主要基調，直到晚期商人的地位才逐漸提升。但就其本質上來看，都是在處理「經濟」問題，只是早期國家的主要收入來自田賦，因此重農抑商；晚期則因為商品經濟的發展已臻至成熟，因此國家的收入內容產生了質變，連帶促進商人地位的提升。

若從時間斷限上來看：早期成功居多，晚期失敗占多數！這原因可能歸咎於早期推動變法時，無論是國家的版圖、還是牽涉到的既得利益者都相對簡單，而越到晚期，變法所涉及的層面越廣、牽涉越多，因此引發了人事的傾軋，導致功敗垂成；而到了現代之後，問題變得更複雜！國家幾乎被財團所綁架，也就是說，在古代，國君與既得利益者分屬不同陣營，因此藉著變法從既得利益者手中取回權利，分享給一般群眾；而現代的政府與既得利益者在某種程度上站在同一條線，遂使變法的推動更加不易。

除此之外，若我們細觀中國史上變法的條文內容，可以看出，所有條文背後的設想，都是想「藏富於民」！然而在實際的執行過程中，卻有不少變法運動推動到最後變成了「與民爭利」！所以如此，實與法條的設置優劣無關，而與推動變法的個人有關。也就是說，中國歷朝歷代的特色便是一個「人治」社會，這樣的特色直到走進二十一世紀亦然！因此變法的成功與否，實與主事者能否「選賢舉能」密切相關！

危機往往也是轉機，當前無去處，機會就在轉彎處！

從上述的討論中，我們發現突圍「悶」經濟之癥結所在，就是政府與既得利益者的切割與用人唯才！

誠如本書作者所說，讀史明智—作者不只是敘說歷史故事，而是導入了「經濟歷史學」的觀點，以當代政治學、管理學和經濟學知識為工具，深入剖析變法的前因後果，並希望在輕快的隨筆當中，引領讀者們回到那些波瀾壯闊的時代，重新經歷千鈞一髮的歷史時刻，深入體會變法家們跌宕起伏的一生，細細剖析每一次變法成敗的原因，掌握化危機為轉機的方法。

可惜的是，本書作者並未針對書中提及的十次變法做出統整歸納，並對照臺灣今日的經濟窘境，提出自己對臺灣未來將何去何從的看法？然瑕不掩瑜，本書不但對中國史上變法過程、前因後果做了很好的描述。且對變法產生的影響，以及是否可能成為一種新的趨勢，都做了很清晰的說明。文詞流暢，可讀性甚高，尤其在文中引用了大量古籍原文，如《詩經・十五國風》、《法經》、《商君書》、《史記》、《漢書》等，讀者可在閱讀內容的同時，領會到不同古籍的筆調，可謂是另一收穫，故本公司編輯室乃予以推薦！

變法

華冠文創

目錄

第十章 戊戌變法：「資本主義總動員」

前言

一部變法史，就是一部不願向困境低頭、自強奮進的血淚史！

中國是歷史悠久的文明古國，在兩千多年的瑰麗歷史中，雖不免有昏庸無昧、剛愎自用的亡國之君，但不可否認的，也不乏胸懷天下、憂國憂民的帝王賢臣。他們眼光卓絕，有時甚至超越了時代的禁錮；他們高瞻遠矚，有時能令現代的我們汗顏。

錢穆先生曾經在《國史大綱》序言中說過，凡是閱讀這本書的人，定要謹記抱著對本國歷史的溫情和敬意。對這些曾經為歷史的發展做出過極大貢獻的人們，我們更應該抱有最崇高的敬意。隔著悠遠時光的我們，已經無法去認識鮮活的他們，只能透過史學家墨色的筆跡，管中窺豹，去尋找他們曾經生活過的蛛絲馬跡。

兩千四百年前，齊國的管仲幫助齊桓公建立了春秋第一霸業；秦孝公用商鞅之策奠定了秦日後統一六國的基礎，法家學派後人將商鞅的言行與思想及其後學著作彙編成了《商君書》，成為中國最早的變法宣言；一千七百年前，來自北方的鮮卑拓跋氏遷都洛陽，徹底消弭了各民族之間的隔閡；一千一百年前，北宋的文臣集團接連發起了幾次變法運動，讓國家的經濟水準領先整個世界；四百年前，張居正掌舵的大明王朝改革了稅制，國家經濟又一次得到了飛速發展；一百年前，康有為寫下《應詔統籌全局折》，為改變清王朝日益衰落的命運作出了最後的努力……

這一串名字在歷史長河中熠熠生輝，他們思想先進，毅力非凡；他們為了實現變法理想不懈努力，不惜付出一切代價。這一場場的變法運動，或成功，或失敗，變法的宣導者幾乎無一例外的遭受了最慘痛的打擊。可以說，變法歷史中的每一頁文字，都是由變法家的鮮血凝結而成。所以我們更應該珍視這段歷史，了解這段歷史，以現代的筆觸去描寫、解讀這段歷史。

本書從歷代變法中選取了十次最為著名的變法運動，不再單純的敘說歷史故事，而是導入了「經濟歷史學」的觀點，以當代政治學、管理學和經濟學知識為工具，深入剖析變法的前因後果。力求用通俗易懂，輕鬆幽默的筆觸，引領讀者回到那些波瀾壯闊的時代，重新經歷那些千鈞一髮的歷史時刻，深入體會變法家們跌宕起伏的一生。

讀史明智，這些變法不僅僅是故事，不僅僅是茶餘飯後的話家常。每一場變法中都能滲透出人類的智慧，都能彰顯出人性的光輝。溫故而知新，只有不忘歷史，從中吸取寶貴的經驗和教訓，人類的發展道路才能走的更加平穩。

為了能夠把變法的實況更準確的呈現給讀者，在寫作的過程中筆者查閱了大量歷史資料，認真考證了時間日期等細節。然而中國變法自強的歷史如此悠久，很多細節已經被時光掩埋，流傳下來的史料少之又少，幾乎不足以拼湊出改革變法的全貌。因此在敘述的過程中若有訛誤，希望廣大讀者諒解並給予指正。

最後，希望這本書能夠為中國優秀歷史文化的傳播做出微薄的貢獻，希望能透過這本書表達對那些在變法改革中付出生命的改革者的敬意。

第一章　管仲改革：「財政危機」中的經管學應用

「吾不如」：各部各司其職

在距今近三千年前，也就是西元前七七〇年左右，周平王帶領著自己的擁護者遷都雒邑，拉開了東周的序幕。之前，各路諸侯早在幽王烽火戲諸侯時就失去了對周天子的尊重，如今王權衰落，這些擁兵自重的諸侯紛紛打算自立門戶。一時之間兼併戰爭不斷，中原大地正式進入了孔子所謂的「禮崩樂壞」的時代，史稱「春秋時期」。

正所謂，動盪的時局是英雄出世的溫床，更是人才施展抱負的舞臺。齊魯大地人傑地靈，自然能出現更多更優秀的人才。魯國出了個孔子，為萬世師表；齊國則出了個管仲，稱千年賢相。

管仲的賢良令後人高山仰止，究其根本原因，在於他的「用人之學」。他用自己的火眼金睛為齊國找了不知多少人才，幫助齊桓公富國強兵，成就霸業。按我們今天的話來說，管仲是個真正優秀的HR——人力資源部主管。

無論是國家管理還是企業經營，如何能「人盡其才」，有效的進行人力資源管理，成為現代組織管理者的重大考驗。放眼望去，未能通過這種考驗的失敗案例比比皆是，那些因人力資源管理失敗而受到排擠的落魄分子如同涼秋的落葉，懷著不甘而無奈的心緒飄向泥土的深淵。

當長安城內歌舞昇平飛花如夢之時，華北平原上正呼嘯著陣陣狂風。在幽州的薊北樓上，一位名叫陳子昂的中年男子正感嘆：「**前不見古人，後不見來者。念天地之悠悠，獨愴然而涕下。**」人才不濟，成為文人志士感懷天地的哀嘆。所以才有了清代龔自珍的高呼：「**我勸天公重抖擻，不拘一格降人才。**」

幸好在歷史上，還有管仲做出了表率，讓後世君王有知人善任的成功先例可循。孟子曰：「**天將降大任於斯人也，必先苦其心志，勞其筋骨，餓其體膚，空乏其身，行拂亂其所為也。**」這話放在管仲身上一點不假，他出身貧寒，年輕的時候不務正業，混跡於市井之間。今天看張三不順眼跟他打一架，明天覺得好玩偷李四一隻雞。齊國徵兵打仗，管仲每次都欣然起行，可仗還打不到一半，他就兩腳抹油從戰場上跑回來，做了逃兵。幸虧有好友鮑叔牙替他說話，告訴別人他是因為家中有老母在世，不敢輕生才逃跑的，這樣管仲才沒被吐沫淹死。因此管仲很感激鮑叔牙，他曾說過：「**生我者父母，知我者鮑子。**」這二人的友誼一直持續到他們生命的盡頭，他們之間誠摯的友誼被後人稱為「管鮑之交」。

早先管仲曾做過幾次官，但後來都被主君辭退了，直到他成為了公子糾的幕僚後，生活才算穩定下來。齊僖公死後，其子諸兒即位為齊襄公，諸兒的兩個弟弟公子糾和公子小白遭到猜忌，只能流亡國外。後來齊國發生內亂，輔佐公子小白的鮑叔牙占得先機，帶著公子小白趕回國繼承國君之位。管仲知道後立刻啟程，想要追上公子小白的車隊，替公子糾翦除這個對手。

只見管仲帶領三十乘的軍隊日夜兼程，終於先公子小白一步到了即墨，他躲在一旁，等公子小白的馬車經過的時候迅速的朝公子小白射了一箭。公子小白應聲倒地，隨從都以為主公死了，一時大亂，管仲才帶領軍隊欣然退走。

可惜管仲把公子小白想的太簡單了，他那一箭只是射中了公子小白的衣帶鉤，公子小白為了騙管仲退兵，才急中生智咬破了舌尖假裝自己死了。等到管仲簇擁著公子糾回到齊國時，公子小白早已回到齊國接任了國君之位，是為齊桓公。公子小白當然不會放過公子糾，後來公子糾被賜死，管仲也被抓了起來。

懷著稱霸天下之志的齊桓公想請鮑叔牙為相，但沒想到鮑叔牙不但婉拒了，而且還轉推薦自己的好友管仲任相位。齊桓公倒也大度，絲毫不計較當年的一箭之仇，把管仲從獄中請出來，諮以富國強兵的良策。管仲不含糊，當下口若懸河論證了自己的強國之策。治國之道，貴在用人，想做成任何事情，主體都是活生生的人，所以人才戰略是重中之重。

有了合理的人才戰略，有能力的人們自然前仆後繼來投奔，想要問鼎中原也就易如反掌了。此時的管仲展現出無比的遠見與洞視，他當下就任用了五個「吾不如」——向齊桓公推舉了五個人。這五個人，後來都成為了齊國舉足輕重的大人物，被時人稱為「管桓五傑」。

「吾不如」中的第一個人是隰朋，管仲給他的評價是「**升降揖遜，進退閑習，辯辭之剛柔，吾不如隰朋；請立為大司行。**」隰朋本姓姜，出身於齊國的貴族，身分地位要比市井出身的管仲高很多。而且他追隨齊桓公的時間很早，很受齊桓公倚重。

所謂的大司行，職責有點像現在的外交部長，主要是負責與其他諸侯的交往聯繫。管仲看重隰朋的風度翩翩和伶牙俐齒。這樣的人知書識禮、進退有度，最適合從事外交活動。

「**墾草萊，辟土地，聚粟眾多，盡地之利，吾不如寧戚；請立為大司田。**」管仲舉薦的第二個人是寧戚，寧戚本是衛國人，年少時懷才不遇，曾經落魄到替別人挽車餵牛的地步。直至在齊國遇見了齊桓公和管仲選賢任能的時機，才有了施展自己才華的舞臺。寧戚在西元前六八五年經管仲的舉薦出任齊國的大司田，相當於今天的農委會主委。寧戚兢兢業業一幹就是四十年，被管仲譽為「**齊國之棟樑，君臣之楷模。**」

齊昭公時期，王子城父率軍打敗了來犯的北狄，由此名揚天下，並被齊昭公賜姓王氏。這個王子城父，就是管仲推舉的第三個人。他祖籍琅琊，本人繼承了父親的爵位，在齊國的萊城做官，城父是他的官職，真實姓名似乎已不可考。管仲看中了他非凡的軍事才能，認為「**平原廣牧，車不結轍，士不旋踵，鼓之而三軍之士視死如歸，吾不如王子城父。**」所以推舉他出任大司馬，相當於今天的國防部長一職。

說起斷案如神，今天人們首先想到的一定是包公和狄仁傑。在春秋時的齊國，也有一個「青天大老爺」的代名詞，那就是「賓須無」。賓須無同隰朋一樣，是齊桓公創業時期的重臣。他善於審獄斷案，明於是非，寬厚仁慈，不濫殺無辜，不冤屈無罪之人。最後在管仲的舉薦下擔任了法務部部長，在他的時代，這個官職叫大司理。

管仲推舉的最後一位賢人是東郭牙，「**犯君顏色，進諫必忠，不避死亡，不撓富貴，吾不如東郭牙；請立為大諫之官。**」東郭牙為人耿直，不畏強權，即便是國君的面子也不給。這樣的人自然適合擔任監督官員行為的大諫之官，相當於今天的監察院長。

關於這個東郭牙，倒是有些值得提及的。有人說東郭牙就是鮑叔牙，因為古代人喜歡用居住地來命名，住在城東的就叫東郭。如果真是這樣，管仲也算是投桃報李，報答了好友對他的恩情了。

有了這五位各司其職，加上管仲總覽全域，齊桓公如虎添翼，最終成為了春秋五霸之首。更難能可貴的是，在這以後的幾十年中，這五個人始終通力合作，並未產生過什麼嫌隙。相信齊桓公正是看到了管仲這種超凡的眼光和極具效率的人才戰略，才放心把國家託付在他身上，心甘情願稱他一聲「仲父」。

經貿戰爭與經濟體系的操盤術

在老謀深算的管仲帶領下，齊國成功的走在了春秋時期的最前端，引領了變法的潮流。但要想透過變革讓國家強大，單單會用人是不夠的。齊桓公志在問鼎中原，稱霸群雄，這點管仲當然明白，所以他下一步的計畫就是要對付齊國的兩個強大的對手——魯國和楚國了。

從地理位置上看，魯國和齊國最為接近，而楚國盤踞南方，疆域在諸侯國中也算數一數二。柿子挑軟的吃！因此，管仲首先瞄準了魯國。

作為鄰國，齊魯兩國的關係可以說是相當微妙。早在齊僖公在位的時候，齊魯兩國就因為一個名叫紀的小國結下了仇。原來，齊國和紀國是世仇，歷代齊國國君都以滅掉弱小的紀國為己任。雖然藉口說兩國之間有過節，其實明眼人都知道齊國只是想找個藉口吞併紀國，擴大自己的疆域。紀國國君為了保護自己的國家，把女兒嫁給了魯國國君。齊國想要吞併自己岳丈的國家，魯國當然不能袖手旁觀。於是在魯桓公十三年，魯國聯手紀國、鄭國和齊、宋、衛、燕四國打起了混戰。所謂春秋無義戰，最終的結果不過是百姓又白白受了很多苦。

後來齊國發生了內亂，作為儲君之一的公子糾逃出齊國後投奔了魯國，得到魯國國君的支持，只不過因為行動晚了一步，被齊桓公公子小白搶了先機，才含恨而終。恐怕這也是齊桓公即位後看魯國不順眼的原因之一。

在選賢舉能安頓好齊國的內政之後，齊桓公就開始和管仲商討如何對付魯國。此時的管仲又顯示出了自己作為經濟學家的天賦，他提出一個辦法：用經濟手段擾亂魯國百姓的生活秩序。現代人大都熟悉貿易槓桿帶給我們生活的影響，中央銀行透過調節存貸款利率控制經濟發展的速度。在某種東西稀缺的時候，國家會出面進行宏觀調控，打擊投機客。但這些經濟學概念在三千年前的中原大地可以說是聞所未聞，可管仲竟然能運用的如心使臂，如此更可以看出管仲這個人超凡的學識。

魯國百姓的傳統生產工作是織綈，「綈」是一種製作十分精良的絲綢，另外我們常說的「強弩之末，勢不能穿魯縞」，「縞」指的就是魯國生產的一種十分薄的絲織品。由此可知，魯國的絲織業在春秋時期是十分出名的。

管仲看準了這一點，利用齊國強大的國力，發動了一場經貿戰爭！他首先讓齊桓公開始穿綈做的衣服。上行下效，齊國百姓一看國君都喜歡魯國的料子，也都紛紛仿效，開始用綈做衣服。沒多久這種綈做的衣服在齊國就人手一件了。

接著管仲適時的下命令，讓齊國百姓不要自己織綈了，國內所有需要的綈都從魯國進口，而且還對那些帶來魯國的絲織品的商人予以政策上的獎勵。商人每販來一千匹綈，就可以得到三百金。這與之前的價格相比要誘人的多，所以魯國百姓認為有利可圖，紛紛放下手中耕地的鋤頭，開始專心致志的織綈。

有句話叫做「**人誤地一天，地誤人一年**」，魯國的人民不去種田，良田荒蕪，秋天顆粒無收，沒有糧食吃。國君一看這樣不行，沒有糧食過不了冬啊，只能去向別的國家購買。齊國是最近的鄰居，要買糧食也是最及時最方便的。管仲利用這個機會，以糧食為籌碼，把魯國收拾的服服帖帖，唯命是從。

與歷史悠久的魯國不同，楚國地處偏遠的南方，雖然疆域廣大，卻一直被中原大國認為是蠻夷之地，是個被老牌諸侯國鄙視的新興國家。但鄙視歸鄙視，楚國迅速發展壯大，成為了令人不可小覷的力量卻是不爭的事實。也就是說，齊國若想稱霸，就必須對楚國下手！而管仲對付楚國的方法則跟對付魯國如出一轍——未費一兵一卒，就讓楚國元氣大傷，暫時退出了爭霸舞臺。

事情是這樣的，楚國是個物產富饒的國家，尤其是鹿這種動物，在別的國家很稀少，在楚國卻被當做很普通的牲畜，一頭的價錢只有兩枚銅幣。管仲找了個機會派了很多商人到楚國去買鹿，還告訴楚國的獵戶們，齊國國君喜歡鹿，不管多少錢，有多少買多少。起初鹿三枚銅錢一頭，十幾天之後就漲到了五枚一頭，但是管仲還是覺得力度不夠，乾脆一下把價錢提到了四十枚一頭。

這樣的事可把楚國人樂壞了，之前衛國有個衛懿公十分喜歡鶴，最後因為玩物喪志成了亡國之君。現在齊國國君這麼喜歡鹿，估計離亡國也不遠了。而且一頭鹿能賣那麼多錢，何樂而不為呢？所以沒過多久，楚國大街上就看不到什麼人了，但凡能爬的動的，都到山裡去獵鹿了。

本該耕田的農夫荒廢了自己的本職，甚至有些士兵也偷偷從軍隊裡跑出來，到山裡去打獵。楚國人全民都成了獵人，地沒人種，仗沒人打，國力和戰鬥力急劇下降。管仲看到時機已經成熟，就找了個藉口，組織了幾個國家的聯軍討伐楚國。楚國國君沒辦法，只能示弱求和，從此聽命於齊桓公。

這兩場仗管仲打得著實漂亮，未動一兵一卒，光運用經貿就讓兩個大國國力衰微，俯首稱臣。利用經濟槓桿，不戰而屈人之兵。在別國掀起一陣經濟颶風，就如同亞洲金融風暴時的金融大鱷索羅斯，擾亂他國市場，給自己帶來收益。只怕在管仲生活的時代，提起他的名字，那些吃過虧的國家也是人人色變吧。

戶籍制度的陷阱，誰與仲謀？

在今天的社會，人口流動已經是再平常不過的事情了，甚至可以說，如果沒有人口的流動，許多經濟發展都會受到阻礙。所以大家可能無法想像，在中國長達兩千年的歷史中，有很大一部分時間，普通百姓是不被允許隨意搬遷的，甚至連從事的行業都有嚴格的分工，不輕易允許變動。而這些森嚴的等級制度和戶籍制度的始作俑者，正是齊相管仲。

記載了管仲治國思想的著作《管子》中就有很多相關的內容。〈立政篇〉中詳細闡述了齊國的行政區劃和基層管理措施：「**分國以為五鄉，鄉為之師，分鄉以為五州，州為之長。分州以為十里，里為之尉。分里以為十游，游為之宗。十家為什，五家為伍，什伍皆有長焉。**」就是說把整個國家分為鄉、州、里、游、什伍等五個等級，類似於今天我們的省、市、鄉、鎮，每一個等級都設立專門負責的長官。春秋時期生產力低下，國土面積不大，人口也不多，所以國家對人們的控制可以具體到每一戶身上。五戶為一伍，由伍長統一負責管理。

古代因為醫療衛生條件差，很多嬰兒出生不久就夭折了，小孩子能活到成年家人就要感謝上蒼保佑了。不論是打仗還是種田，最需要的都是人口，因此人口一直是各國爭奪的寶貴資源。很多時候強國要求弱國割讓多少座城池，其目的並不在那些土地，而在於土地上生活的人民。後來孟子在見梁惠王的時候就曾論證過這一點，如果國君把國家治理的吏治清明、經濟富足，人民就會自覺自願的到這個國家來。二戰結束初期東德的居民千方百計要越過那道柏林牆去物資豐富的西德生活就是一個最好的例證。

為了防止人口流失，管仲祭出了殺手鐧。只見他在居民聚集地周圍築起圍牆，一個居民聚集點稱作一「閭」，有一個負責的長官，就像是我們今天的大樓管理委員會主委，只不過這個主委肩負的責任可比現在重得多。圍牆只留出一條路供人們出入，在入口處設有兩個小屋子，長官就坐在裡面監視人們的生產生活。

若是有人不按照規定的時間出入或者出門的時候衣冠不整，負責監視的人就要逐級向上反映，長官要找這家的戶長談話，進行訓斥。閭中如果有人犯法，長官就要承擔管理不周的責任，與犯法者同罪。而且地方管理者還要定期向上反映當地管理的情況，有任何風吹草動，國君很快就能知曉，可以十分高效的處理國境內任何一個臣民。身邊有著層層的監管人也就不敢輕易犯罪，這種社會組織結構讓人「無所逃於天地之間」。生活在這種管理方式下的百姓，基本上就跟坐牢無異。

古代交通不發達，人們出行最主要的方式還是靠走路，馬和馬車都是身分的象徵，升斗小民可能連見都沒見過。在這麼嚴密的監管下根本就跑不遠，出去旅遊更是不敢想的奢望。

此外，「士農工商」四個階層的分類也是在這個時候確定的，春秋時代還沒有發明科舉這種讓人透過知識改變命運的制度，因此一旦被劃定了所從事的職業，就要世世代代從事這一行，不能更改。

管仲治理下的齊國職業分工很細密，他按照不同的職業把百姓分成了士農工商四大階層，讓「四民分業定居」，階層之間有著嚴格的區分。《管子・小匡》中說：「**處士必於閑燕，處農必就田墅，處工必就官府，處商必就市井。**」讓百姓按照分工聚居在固定的地區，結合著齊國嚴密的戶籍制度，個人就只能安心從事生產，不再有非分之想。

「**君擇臣而任官，大夫任官辯事，官長任事守職，士修身功材，庶人耕農樹藝。**」（《管子・五輔》），國君、大臣、官員、士族和平民都各司其職，國家就能保持安定進而富國強兵，稱霸天下。

按照職業將百姓分為士農工商四等這個制度和控制人口流動制度一樣，對中國社會影響深遠。這種社會階層的區分是傳統封建社會的基石，大一統的秦朝建立後所設立的種種嚴苛的刑罰中，都可以看到管仲戶籍改革的影子。

在管仲之後，商鞅變法提出的「農為本、商為末」的思想，奠定了各朝各代重農抑商的基調，也讓四大階層之間有著深深的隔閡。科舉制度的產生在一定程度上削弱了各階層間的差異，但並不明顯，即便在大唐這個如此開放的朝代時，商人之後依然不能參加科舉考試。

按照這四大階層在社會中的地位高低依次為士農工商，士族因為具有知識文化素養，永遠處於統治和領導國家的地位。真正從事生產的另外三個階層則處於被統治的地位，這種意識經過科舉制度的不斷加強，已經根植於我們每一個人的思想之中，隨著血液和基因又傳給下一代的子孫。

劫富濟貧

無田甫田，維莠驕驕。無思遠人，勞心忉忉。

無田甫田，維莠桀桀。無思遠人，勞心怛怛。

婉兮孌兮，總角丱兮。未幾見兮，突而弁兮。

這是一首愛情詩，出自《詩經・齊風・甫田》，內容講述了一位女子思念遠方的心上人，等到見面時，她記憶中的總角兒郎已經成長為了英俊少年，令她欣喜不已。不過在這裡我們要討論的並不是這首詩本身，而是詩中傳達給我們的訊息。

眾所周知《詩經》是我國第一部詩歌總集，是春秋時期各國民歌的匯總。這首詩出自齊風，反映的就是齊國的風土人情。開頭兩句起興：「**無田甫田，維莠驕驕……無田甫田，維莠桀桀……**」雖然是為了引出下文，卻讓我們看到了當時齊國土地無人耕種的狀況。

齊襄公在位時，正是對社會掌控力逐漸瓦解的階段。各國處於社會底層的庶民經常出現暴動、怠工、逃跑的情況。以至於周朝盛行的井田制中規定的國家所有，國民共同耕種的公田無人耕種，才出現了《甫田》中所說的「**無田甫田，維莠驕驕**」那樣公田因為被人遺忘野草叢生的景象。大面積的土地浪費現象令齊桓公和管仲十分擔憂，為了解決這個難題，他們在齊國實行了「相地而衰徵」。

所謂的「相地而衰徵」，就是根據土地情況的不同收取不同的租稅，也就是我們常說的因地制宜。這一制度包括兩個方面，一是「均田分地」，一是「與民分貨」。管仲派人考察了齊國境內的土地，不同地區的土地占有不同的配額，越肥沃的地方所占配額越大。

管仲把國內那些原本屬於國家和貴族的公田分給普通的農戶，讓那些庶民以每戶為單位自己進行獨立的生產。根據土地的好壞不同，每家分的數量也不一樣，這樣才能做到公平。這種分田的做法在《國語・齊語》被稱為「井田疇均」制，管仲這麼做雖然不是徹底廢除了井田制，但已經廢除了公耕公田這一制度。勞動者開始有自己的土地，勞動不再全是為了他人，在交過稅之後，剩下的收成都可以歸自己所有。

「分貨」則是齊國的稅收政策，既然農戶擁有了自己的「私田」，國家或者所占土地的地主就必須向他們徵收租稅，中國持續了兩千年的農業稅由此產生。不過與毫無報酬的耕種公田比起來，交點稅就可以有自己的田地，農戶還是覺得欣喜若狂的。況且管仲給他們的稅率可以說是比較合理的。

《管子‧大匡》中載「**上年什取三，中年什取二，下年什取一，歲饑不稅。**」從這可以看出，在收成好的年分，稅率是百分之三十，收成一般的時候收百分之二十，收成不好時收取百分之十，遇上饑年則免除賦稅，這在古代是非常優惠的稅率，據史書記載，在魏晉南北朝時期北方少數民族統治的地域裡稅率甚至能達到百分之八十。

此外，按照土地好壞程度不同而收取不同的稅賦，讓農戶的負擔相對平衡了起來，不會存在有人占到了好的土地，每年的收成總比別人多，時間長了就能比土地不好的人家富裕很多的情況。因此不會造成農戶之間出現貧富差距，影響社會的穩定。同時，土地分配公平，百姓也就不會心生不滿，而是安心從事生產，自然就不會有想要逃離齊國的想法，從而達到「民不移」。

解決了農業生產的問題，該開始著手進行商業了。那個時候來往的商人很多，管仲也沒有重農抑商的想法，他認為要想使一個國家富強，必須農商並重。齊國頒布法令由國家統一鑄幣，以促進經濟發展，同時招商引資，吸引其他國家的商人來齊國做生意。

齊國人去別國做生意也受到國家的鼓勵。

這大大促進了齊國商品經濟的發展，那些遊走於各國的商人都願意到齊國來。齊桓公還下令全國為外來的商人提供住所和食物，如果商人帶著三輛馬車，還可以免費為他們照顧馬匹，而帶著五輛馬車的商人，衙門還會派僕人去服務他們。齊國只對商人收取百分之二的稅，就單單衝這麼少的稅率，商人們也願意到齊國來，更何況還有那麼多便利的條件呢？

經濟發展速度快了就容易造成財產分配的不均衡，這個在我們生活的今天就表現的很明顯了。貧富差距大是國家管理者最頭疼的問題了，管仲當然也不例外，他認為一個國家要「**上下有義，貴賤有分，長幼有等，貧富有度。**」如果讓富人太有錢，到了富可敵國的程度，他們就不會再聽國君的命令；而如果一個人窮到什麼都沒有，無牽無掛，也就不容易聽話了。所以太富有和太貧窮都不好，只有國家裡的人所擁有的財富水準都差不多，才能讓他們和諧相處，誰讓中國人總是「不患寡而患不均」。

針對貧富差距的問題，管仲提出的解決方案一共就八個字：「**長者斷之，短者續之**」。這個人太有錢了，那好，頒布法令多徵他的稅，讓他的財富減少的快一點；那個人家裡太貧窮了，國家免了他們的稅，還時不時的給他們一些救濟。管仲還規定了一些和百姓生活息息相關的行業不許富人插手經營，以免他們抬高價格，讓普通百姓的生活造成困難。

給自己的國民實行先進的個人所得稅累進制，就是管仲解決貧富差距的辦法，他還把這種思想昇華到治理整個國家的層面上，認為「**富而能奪，貧而能予**」，「**乃可以為天下**」。

總之，「相地而衰徵」的土地制度和貧富有差的稅收制度，為促進齊國經濟發展起到了很大作用，也是具有劃時代意義的創新制度。在實行井田制的西周，實行國、野分治，住在鄙野裡的奴隸被稱為「野人」，根本沒有人身自由，更不用提擁有自己能耕種的土地了。之前被囚禁在別人的土地上被迫勞動，生產積極性很低，造成很大的資源浪費。直到這一改革實行，才從根本上調動了奴隸從事農業生產的意願，讓他們逐漸從野人變成農民。

政府控股，收編國有資源

齊國的國都位在今天山東境內的臨淄，據考古學家的發掘研究，發現春秋時期的臨淄城是由相連的大小兩座城組成的，小城連接在大城的西南角。總面積達到三十多平方公里，在當時的生產力水準下，這個規模已經算的上是國際化大都市了。組成臨淄城的小城即是宮城，是國君和貴族統治階級居住的地方，在小城的東北部有很多宮殿建築，裡面聚集了很多齊國的支柱產業，例如煉銅、冶鐵、鑄幣等。

據統計住在這裡的人口有二十一萬，在平整清潔的街道兩旁是巍峨雄偉的宮殿和鱗次櫛比的民房。來往商客熙熙攘攘，叫賣聲不絕於耳，各國商賈雲集於此，使臨淄城成為當時中國東部最大的經濟中心。

能把都城經營得如此繁華，自然與齊國對外國商人的優惠和服務政策分不開，不過究其根本原因，在於齊國盛產一種人們生活必不可少的民生必需品——鹽。

齊國占據地利，依山傍海，被人稱作是「海王之國」，有著極為豐富的鹽鐵資源，這就成為了齊國發展經濟的資本。不靠海的國家想要弄到鹽和鐵是很困難的，可是偏偏人吃飯不能沒有鹽，農業生產也不能沒有鐵，所以只能從齊國進口。管仲不愧是商人出身，很快看出了這裡的商機，他馬上下令賣鹽這個行業收歸國有，並且鼓勵百姓在農閒時用海水煮鹽、開採鐵礦冶鐵，成品由官府收購，還設立了專門的官員負責賣鹽。

管仲之所以偉大，在於他制定的政策總能在無形中成為後世堅決奉行的金科玉律，鹽鐵行業由國家壟斷的規則被後世王朝承接，只怕管仲也想不到自己竟成了那個制定規則的人。

鹽業收歸國有後，因為利潤空間很大，在空閒時去煮鹽的齊國人像趕集一樣多，做的人多了，產量也就大了起來。除去自己國家人日常必要的用量還能有很多剩餘，於是齊國開始向鄰國出口食鹽。在沒有大規模的運輸工具的時代，商品的販運全靠來往的行商。吸引外國的商人來齊販鹽，或者讓本國的商人把鹽運到其他國家去。

齊國的東邊有個小國叫萊國，雖然也靠著海，但因為經濟文化落後，人民不知道用海水煮鹽，所以齊國人就把自己產的鹽賣給萊國，從中收取豐厚的利潤。位於中原的各國對鹽的需求量就更大了，為解決運送速度慢的問題，齊國還特意修建了運河，把本國的食鹽賣出去，價格甚至比成本高出十到四十倍。

據《管子・海王》記載，當時齊國盛產的食鹽，價格就算每升加兩錢賣給別國，得到的利就相當於當時齊國民眾上繳的人頭稅總數的兩倍。一年下來就可以獲得一・一萬斤的黃金。

管仲收歸國有的除了漁鹽業還有冶鐵，他很重視工業的發展，尤其是冶鐵業的發展和鐵器的推廣。齊國的冶鐵業有著很長的發展史，在齊桓公時期鐵器的使用在齊國境內已經普及，不論是做刺繡用的針還是種地用的犁，都是鐵製品。

國內豐富的鐵礦由百姓自由開採，但是必須上繳百分之三十的實物鐵，剩下的可以自己拿去打製工具，從事其他的農業和手工業生產。為了收集民間持有的銅和鐵，管仲下令犯了罪的人可以用銅鐵贖罪。國家收集到這些鐵之後，派專人製造生產用的各種工具，同樣透過商人出口到別的國家，又能得到一筆可觀的收入。

鐵這種原材料除了能夠製成生產工具之外，最大的用途在於可以鑄成錢幣。隨著商品經濟的發展，齊國對貨幣的需求量也大大增加了。為此管仲專門制定了鑄幣政策，「**人君鑄錢立幣，民庶之通旋**」，意思是錢幣由國君鑄造，供人民使用。這一點與我們今天一樣，若是誰家想要自己用生鐵鑄造錢幣，那可是非法製造偽幣的重罪。

據《史記》記載，管仲「設輕重九府」，「輕重」指的是平抑物價的措施，利用經濟槓桿和國家宏觀調控確保齊國經濟的穩定，以防止其他諸侯國以其人之道還治其人之身，也派人發起一場經貿戰爭；而「九府」則類似於今天的中央銀行，設立了九種掌管錢財和貨幣的官員，分別是大府、玉府、內府、外府、泉府、天府、職內、職金、職幣，這樣鑄幣業才能牢牢的掌控在政府手中。

齊國的錢幣的形狀如刀，稱為刀錢（幣），這種形狀有趣的貨幣在北方的燕國和東方的齊國都可以通行。在商品社會形成的初期，貨幣本身就是來源於商品的，例如最早的貝殼即是商品的一種。齊國錢幣如刀，也是因為刀是齊人在物物交換時使用很廣泛的一種物品，這和齊國紡織業的發展密不可分。

前文已經提到過，齊國的絲織品天下聞名，幾乎家家戶戶都掌握紡織技術。《管子・海王》中記載，凡紡織業者必有一針一刀，可見刀是紡織業中必不可少的工具，自然也就成為了齊國人家中最常見的日用品。到了漢代，齊國依然「冠帶衣履天下」，可見紡織技藝在齊國的源遠流長。

物質文明與精神文明的獨創性

管仲在齊國開展的一系列變法中，還有一個重要的部分——精神文明建設。《管子》中有一句著名的論述：**倉廩實則知禮節，衣食足則知榮辱**。放到現代來看，就是說解決了生計問題之後，人們就應該有更高層次的精神追求。對於子民的文化水準和文明程度也要提出要求，在生產力相對十分低下的春秋時期，這種觀點算的上是前衛的了。

著名的哲學家馮友蘭先生曾提出過人生四境界，認為人一生的作為可以分為自然境界、功利境界、道德境界和天地境界。這種哲學觀點在某種意義上印證了管仲的思想，從這點可以看出，管仲不僅是優秀的政治家，同樣也是有獨到思想的哲學家。

如果了解了管仲這個人豐富的經歷，我們就能發現他提出精神文明必須建立在物質文明之上這個觀點是有實踐經驗支撐的。前文已經提到過，管仲在中國歷史上有極重的地位和極高的聲望，但是他卻不是一個堯舜那樣被神化了的聖人。在司馬遷的《史記》和劉向的《說苑・尊賢》中都記載過管仲早年的種種作為，從這些行為上看，年輕時的管仲絕對是一個問題青年。

管仲和鮑叔牙從少年時就是好朋友，儘管當時經濟比較困窘的管仲一直找各種方法占鮑叔牙的便宜，但鮑叔牙一直堅信管仲擁有常人無法企及的高貴品質和出眾才能。《史記・管晏列傳》中記載管仲提到鮑叔牙時說，他們還未出仕時曾一起做生意，在分配盈利時管仲總是想辦法給自己多分一些，但是鮑叔牙了解他是因為貧窮才這麼做，並非是他管仲本性貪婪。

這就從側面印證了管仲的觀點，在溫飽問題都得不到解決的時候，即便是輔佐齊桓公「九合諸侯，一匡天下」的管仲也免不了也幹些不光彩的事情。當齊國的經濟蒸蒸日上，人民生活水準穩健提高了之後，管仲就在《管子・五輔》中提出了「修禮、行義、飾廉、謹恥」四項「齊國精神」。他認為，禮義廉恥是人民最應該具備的四項基本道德準則。守禮的人們懂得遵守規範，識義可以讓人們認清形勢，保持冷靜，不盲目求進取，知廉恥才能明是非。

所謂「上行下效」，管仲想要整個齊國的人民都遵守他所制定的道德準則，首先要確保的就是齊桓公能夠遵守，人們看到國君的以身作則，自然會相信國家推行這個政策的決心。

齊桓公和管仲聯手治理齊國之後，國家漸漸強大，在戰亂不斷的春秋時期逐漸占據了一席之地。

在齊國的西邊有一個小國名叫譚國，從地理位置上看，大概在今天的山東濟南東部。當年齊桓公還是公子小白，被迫從齊國出逃的時候曾經過這個國家，當時的國君對他十分怠慢，等到桓公即位的時候也未派人來祝賀。

管仲為了彰顯齊國的國力，出兵消滅了這個國家，使得齊國的國土進一步的擴大。後來管仲又提出在北杏（今山東聊城）舉行諸侯的會盟，同宋、陳、蔡、鄭等國一起，商討如何平定宋國的內亂。本來這次會盟也邀請了遂國，但遂國卻沒來參加。這下可讓管仲找到了殺雞儆猴的理由，很快又出兵滅了遂國。原本還有些軍事實力的魯國看到了譚、遂這兩個小國的下場，又發現宋國和陳國都歸順了齊國，無奈之下只好也表示要和齊國修好，在柯（今山東東阿西南）舉行會盟。

就在這次本應進一步確立齊國地位的會盟上，發生了一次著名的劫持事件。春秋的諸侯會盟場地大都選在一個開闊的地方，修築一個高壇，會盟各國的國君在高壇上舉行會談，簽訂盟約。

魯莊公到達時還帶了一位隨身的侍衛曹沫（有人認為他就是曹劌論戰這個故事裡的曹劌），本來魯莊公只被允許一個人登上高壇，身披重甲，手握佩劍的曹沫嚇退了侍衛，隨著魯莊公進入了會場。本來這場談判就是建立在雙方軍事力量不平等的基礎上的，魯國只有受欺負的份。正當魯莊公和齊桓公達成一致，準備歃血為盟，簽下「不平等條約」的時候，曹沫一躍而起，拔劍刺向齊桓公。

兩旁侍衛都被嚇傻了，唯有管仲沉著冷靜，閃身擋在了齊桓公身前，問曹沫想要幹什麼，曹沫義正辭嚴，痛斥齊國以強欺弱，要求齊國歸還占領的土地。齊桓公為了保命，只得答應了他的要求，曹沫這才收起佩劍，平靜地回到席上，談笑如故。

回國之後，齊國的君臣越想越氣，齊桓公認為，魯國用這種手段要回土地太過無賴，有心想要反悔，很多大臣都支持他，唯有管仲堅決不同意。他勸齊桓公說不可貪一時小利，圖一時痛快，失信於諸侯，失信於天下。

齊桓公雖然不服氣，但也不敢違抗仲父，若是一國的國君都不能遵守信義，履行自己的諾言，更不可能要求這個國家的人民堅守禮義廉恥。為了給自己的國家做好表率，也為了使自己的稱霸之路更平坦，齊桓公只好悶悶不樂的說了句「**仲父命寡人東，寡人東。仲父命寡人西，寡人西。**」之後就把土地歸還了魯國。

葵丘會盟：霸權奠基者壓軸戲

周幽王「烽火戲諸侯」的鬧劇上演之後，周天子就逐漸失去了對各地諸侯的掌控能力。到了周平王時，王室已經衰微到不得不遷都來躲避夷狄的入侵。周文王在建國之初分封了一百多個諸侯王，經過幾百年的兼併戰爭，還剩下幾十個諸侯國蠢蠢欲動，等待時機逐鹿天下，問鼎中原。

經過齊桓公和管仲的一系列改革，齊國已經做好了稱霸天下的一切準備，如今欠缺的只有一個藉口。在齊桓公執政初期，鄭莊公曾經發動過兩次針對北方夷狄的戰爭，但是收效不大。北戎的勢力在那之後持續增長，很快就大規模南下，先後滅掉了邢國和衛國，黃河以北的大片土地幾乎都被這些蠻夷所掌控。

禍不單行，地處南方，擁有大片國土的楚國也開始強盛，滅掉申、息、鄧等國，之後鋒芒直指鄭國，對中原的覬覦之心盡顯。「南夷與北狄交，中國不絕若線」正是當時情況的真實寫照。管仲就是在這個時候找準了時機，提出了「尊王攘夷」的政治口號。

「尊王攘夷」中重要的部分是攘夷，完全靠著強大的軍事力量擊退了北方的山戎和南方的楚國，保證了周王室在名義上的存在，是齊桓公能夠稱霸諸侯的原因之一。周惠王十四年（西元前六六四年），山戎進犯北方的燕國。燕莊公眼看無法抵擋凶悍的外族騎兵，只好派人向齊國求助。當時齊桓公正打算對付楚國，本不想出兵，但管仲認為要想平定楚國，首先應該確保北方無後顧之憂。而且燕國不遠萬里來求救，如果不出兵，一定會失去諸侯們的擁戴。

好孩子齊桓公認為管仲的話很有道理，立刻派兵支援燕國，齊國大軍與燕國軍隊反守為攻一路追出薊門關，大敗山戎鐵騎。山戎首領見事不妙，帶著殘餘的部隊逃進了孤竹國，位置大概在今天的河北西北部。齊軍乘勝追擊，卻不慎被詐降的孤竹國將領誘入了荒漠（這就說明早在春秋時期華北平原上就已經出現荒漠化了）。

當時齊桓公和管仲一起在軍中，天色漸漸暗下來，面對著一望無際的漠漠平沙，齊軍將士都有些慌了手腳。管仲思考了片刻，下令隨行士兵擊鼓召喚被衝散的部隊，散落在沙漠陷阱中的部隊漸漸聚集在一起，度過了漫漫長夜。天亮後，管仲又命人找來軍中年齡最老的幾匹戰馬，放開轡繩讓牠們自己行走，軍隊跟在老馬後面，成功逃出了險境，這就是成語「老馬識途」的出處。

孤竹國國君見自己詐降的計謀成功了，一時大意放鬆了警惕，讓那些躲避在山谷中的百姓回城。管仲發現後，旋即下令數百將士扮成普通百姓混入城中做內應，約定以舉火為暗號。之後又下令大軍分成三路攻打三面城門，只留下北門，派王子城父和隰朋埋伏在城門外。

到了夜晚，城中的齊軍內應打開城門，大軍趁勢而入。孤竹國國君急忙從北門出逃，正好被伏兵截住，最終死於亂軍之中。在滅掉北戎之後，齊桓公還把收復的土地盡數劃給了燕國，在諸侯中樹立了良好的形象。

之後齊國又先後出兵救了受到夷狄進攻的邢國和衛國，平定了北方的戰亂。

西元前六五九年，齊桓公將注意力轉移到楚國，他聯合魯、宋、陳、衛、鄭、許、曹組成了「八國聯軍」，出兵援救正被楚國攻打的鄭國。其實此時的齊國並沒有真正想消滅楚國，不過是借這個機會彰顯自己的軍事實力，發揮震懾諸侯的作用。所以在大軍把楚國團團圍住之後，齊桓公和管仲接受了楚國談判的請求，雙方對峙了半年之後，楚國的使臣屈完成功的憑藉自己的不爛之舌促使了齊楚兩國結盟，齊國退兵。

西元前六五一年，周惠王去世，齊桓公支持太子鄭，會同其他諸侯一起擁立太子鄭為新一任的周天子，是為周襄王。齊桓公與魯、宋、衛、鄭、許、曹七國國君在葵丘（今河南蘭考、民權縣境）舉行會盟，周襄王因為感念齊桓公對他的支持，派王臣宰周公出席了這次會議，並且提出齊桓公在接受祭肉時可以免於下拜。這一舉動在事實上承認了齊桓公的霸主地位，使葵丘會盟成為了齊桓公霸業的頂峰。

《左傳》中對於這次會盟盟約只有「**凡我同盟之人，既盟之後，言歸於好**」這樣簡單的記載，而在《孟子・告子下》對這次盟會的盟詞有較詳細的記載。

葵丘之會，諸侯束牲載書而不歃血。初命曰：「**誅不孝，無易樹子（太子），無以**

妾為妻。」再命曰：「**尊賢育才，以彰有德。**」三命曰：「**敬老慈幼，無忘賓旅。**」四命曰：「**士無世官，官事無攝。取士必得，無專殺大夫。**」五命曰：「**無曲防，無遏糴，無有封而無告。**」

這份盟約相當於一個國際公約，其內容對國君的道德、行為等都做了規範。還要求各國互相救助，經濟上互通有無。管仲輔佐齊桓公四十餘年，兩人通力合作，君臣之間從無嫌隙。使得齊國成為春秋第一個大國，齊桓公成為春秋五霸之首。北卻戎狄，南聯諸侯，在一定程度上保證了中原華夏文明的正統，還促進了各國之間的交流。

因為有了管仲的遠見卓識，苦心經營，齊桓公先後主持了三次武裝會盟，六次和平會盟，還輔助了一次周朝王室，這番作為被後世史學家稱為「九合諸侯，一匡天下」，奠定了齊國持續的強大，這種強大直到秦王一掃六合時才被真正的結束。創下這一系列成就的管仲卻始終保持著自省和謹慎，無愧於後人們給予他的改革家、思想家、政治家的評價，永遠青史流芳。

第二章　李悝變法：小農經濟體的「階級鬥爭」

爭雄：「大黃金時代」的慌亂前奏

一八五九年，英國著名的生物學家達爾文出版《物種起源》一書，他在書中提到「物競天擇，適者生存」的觀點，引起了學術界的震盪。達爾文在書中闡明：「**只有那些擁有競爭力的，並且遵循事物發展規律的東西才能生存下去。**」

由此說來，時光追溯到兩千多年前的戰國時期，割據紛爭、弱肉強食，正是這一時期社會的真實寫照。

誰將成為真正的雄主？

一個叫魏斯的人成為順應潮流的適者，他以仁人為寶，廣納賢士，更成為一代潮流的引領者。而提到魏斯，首先要說一說魏斯的父親魏桓子。魏桓子原本是春秋末期晉國的大夫，與范氏、中行氏、智伯瑤、趙襄子和韓康子六位大夫統稱為六卿，共同把持著晉國的大權。由於利益的爭奪和地盤的瓜分，范氏和中行氏先後被滅，其餘四家當中以智伯實力最強。智伯瑤自恃實力的強大，強行向與魏氏、韓氏和趙氏索地。遭到趙襄子拒絕後，智伯瑤舉兵圍攻趙襄子。

正所謂「脣亡齒寒」，魏桓子和韓康子擔心趙氏滅亡後禍及己身，於是聯合趙氏消滅智伯瑤，並將其地三分，形成了此後「三家分晉」的局面。

西元前四〇三年，周烈王冊封魏氏、韓氏和趙氏為諸侯，成為中原的大國，與秦國、齊國、楚國、燕國統稱為「戰國七雄」，打開了戰國紛爭的大局面。這個冷兵器相碰撞的時代就像一池渾水，裡面無非就是「大魚吃小魚，小魚吃蝦米」，誰的實力強，誰自然就能在渾水中爭得一絲生機。

西元前四四五年，魏桓子身體日漸衰弱，他將自己一手打拚來的江山交到自己的兒子魏斯手裡。事實上，這座江山存在很多隱患。魏國的版圖在三家分晉時期受到了壓迫，且不說版圖的狹小、土地貧瘠，單單從地理位置來看，魏國就處於明顯的劣勢。

魏國地處晉地的東南隅，西邊距離秦國僅一河之隔，東邊是新興起來的韓國，北邊是實力強大的趙國。在南邊，跨過中條山和黃河便是各國爭奪的澠池和陝縣地區，秦國、楚國和鄭國的軍隊長期盤踞於此，這樣的「四戰之地」極容易遭到壓迫封鎖。魏斯深諳其中之理，於是發奮自強、突破地界內的防線。因此，一批新的軍事力量被推上了歷史舞臺——武卒。

武卒相當於今天的常備軍，是屬於比較正規的武裝組織。《戰國策・魏策三》中說：「**魏氏悉其百縣勝兵，以止戍大梁，臣以為不下三十萬。以三十萬之眾，守十仞之城，臣以為雖湯、武復生，弗易攻也。**」也就是說，魏文侯能從魏國百縣之中徵發三十萬乘兵，作為自己守城的軍事力量。但是魏國究竟有多大的財力來維持如此龐大的軍事體系，這要從魏國豐富的自然資源說起。

前面說到魏國的地理位置先天不足，幾乎是在各個強大的諸侯國夾縫中生存。但是魏國的地底下卻藏著豐厚的資源，其中最為著名的一項資源便是鹽池。俗話說「**人不可一日無鹽**」，鹽的故鄉是無窮無盡的大海，對於老百姓來說理應分文不取。但是如果統治者懂得如何管制利用，那麼鹽將成為牟取暴利的強大武器。魏文侯下令將鹽池收歸國有，並部署官員督察鹽業生產，將冶煉的成品鹽銷往周邊國家，以此來獲取豐厚的利潤。這些管制方法在今天看來，仍然是極為高明的「一石二鳥」之計。

有了這些豐富的資源，就有了建立軍隊的經濟基礎。魏文侯打定主意將鹽業收入用來打造武卒這支精銳的常備軍，在武卒的選拔方面實屬「高門檻」，採取精兵原則。魏文侯舉辦了專門的武卒考試，公開招募武卒，要求入選的武卒都必須能「**衣三屬之甲，操十二石之弩，負服矢五十個，置戈其上，冠胄帶劍，贏三日之糧，日中而驅百里。**」進入部隊後，所有的武卒還要再接受嚴酷的格鬥技能培訓，使得他們成為抵抗外敵的武裝力量。

經過魏文侯的努力，不到三年，武卒的隊伍就達到了一定規模，而隨著武卒隊伍的壯大，一批以軍功上位的貴族階級新興起來，那些憑軍功獲得爵位的武卒，享受豐厚的待遇，也越發得到魏武侯的器重與信任，一位叫做李悝的神祕人物便是其中之一。

李悝在很多史書上被寫作「李克」、「裡克」或者「李兌」，因此在出生和家庭上難以考證。但是從授業解惑之道來看，李悝師從孔子的弟子卜子夏，可以算作是孔子的徒孫，具有很強的才學實力。早年時，李悝做過上地郡守，上地郡西與秦國接壤，是非常重要的邊防要地。所謂邊境之地是非多，李悝主張軍事任務高於一切，採取的政策也標新立異，令人哭笑不得。他下令用射箭來斷案，例行「中之者勝，不中者負」，所以當地軍民爭相學習射箭技術。而這成為與秦人交戰的有利條件，採取巧妙的戰地戰術與秦人交鋒，進而大敗秦軍，積累了很不錯的政績。

正如「千里馬常有，而伯樂不常有」，李悝幸運的遇上了他的伯樂，這位伯樂正是魏的一國之君。李悝果斷凌厲的行事作風為魏文侯所看重，而李悝主戰的思想也正好與魏文侯相契合，李悝理所當然的成為魏國之相。或許常人看來李悝的行事極為偏激，但這正符合這個混亂時代的需要，由他來領導變法定能讓魏國大放異彩。李悝是被魏國迫切變法的形勢所需要，也是因應這個時代潮流所必須。

盡地力：成就重農主義強國

魏風・園有桃

園有桃，其實之殽。心之憂矣，我歌且謠。不知我者，謂我士也驕。
彼人是哉！子曰何其？心之憂矣，其誰知之？其誰知之，蓋亦勿思！
園有棘，其實之食。心之憂矣，聊以行國。不知我者，謂我士也罔極。
彼人是哉！子曰何其？心之憂矣，其誰知之？其誰知之，蓋亦勿思！

古人的憂思能透過各種各樣的手法表現出來，我們且不說這首民歌表現出鬱鬱不得志的傷懷，單看詩歌描繪的景象便知古人庭院生活的映象，且看園中有桃樹，也有棗樹，非常合理地利用土地來開展農副業。

民以食為天。從古至今，為政之者對這個「食」的探索從未間斷。誰能讓老百姓吃飽飯，能帶給老百姓富足安康的生活，誰就是老百姓崇敬的「天」。管理一個國家，既要保證國家的財政收入，也要讓百姓吃飽飯，安居樂業。

從小範圍來說，把統治一個國家縮小到管理一個企業，如何投資？如何分配利潤？怎樣賺取更大的利益？又怎樣才能讓員工滿意？

在現代企業投資運行中，管理者通常強調「不要把雞蛋放進同一個籃子裡」，所有雞蛋如果都放在同一個籃子裡，一旦籃子翻了，所有的雞蛋都會碎掉；如果不把所有的雞蛋放在一個籃子裡，籃子翻了，還會有其他雞蛋剩下。這正是西方經濟學中強調的風險管理，即不要把所有的資本都投到一件事情上，應該做多手準備，這樣「萬一這個籃子打翻了，也會有別的籃子的雞蛋剩下」，便不會全盤皆輸。

李悝推行的土地政策也恰如其分，他認為老百姓之所以積貧積弱是因為他們沒有栽種糧食的土地，即使有土地，也沒有足夠的糧食產量來維持生計。

按當時農戶每家五口人來計算，老百姓一年的收入扣除衣食住行、租金和祭祀等必要開支後，每戶還會至少虧空四百五十錢。因此，李悝主張重農政策，盡可能發揮土地效用，提倡實行「盡地力」。這一做法得到魏文侯的讚賞，也讓魏國的老百姓有了屬於自己的土地。

所謂「盡地力」就是提倡在一塊土地上種各種糧食作物，同時也要求老百姓在自己院子周圍栽種桑樹和果樹，充分利用地力來擴大農作物的生產。就像在《魏風・園有桃》中描繪「園中有桃」、「園中有棘」，也還有更多的「園中有桑」、「園中有蠶」。實際上，這樣的做法就是一種變相的「菜籃子原則」，既能回避了雨水、光照以及土壤等不足因素帶來的弊端，又能因地制宜地生產糧食，盡可能的發揮土地的效用。

在李悝的帶領下，「盡地力」很快的開展起來，破除了魏國舊有的井田制，統一分配農民耕地，鼓勵老百姓自由開墾荒地，督促他們勤於耕作，宣導百姓「治田勤謹則畝益三斗，不勤則損亦如之」。種植糧食不僅需要天時地利，也需要人們的辛勤付出，田間的收成和為此付出的勞動是成正比的，只要老百姓鼓足幹勁定能增加糧食產量。

既然土地能夠「盡地力」，生產出足夠多的糧食作物，照這樣年年豐收的情況，必然會造成生產過剩，引起糧食作物價格混亂，最終會導致經濟危機。對於這種情況，睿智的李悝早有打算。他在實行「盡地力」的同時，還提出設置「平糴法」。

「平糴法」有點類似今天的政府宏觀調控措施，是指透過政府干預的手段來抑制物價上漲或者物價跌落的混亂情況。李悝清楚的認識到物價對各個階層的重要性。一方面，糧食價格高則對士工商不利，因為他們需要花更多的錢來購買糧食以維持生活；另一方面，糧食價格過低，那麼老百姓辛苦一年的勞動成果就付之東流毫不值價。所以要治理好一個國家應該懂得調控市場價格，平衡士農工商各個階層的利益。

按照李悝的方法，如果當年的收成好，那麼政府將以市場相應價格收購多餘的糧食，把糧食囤積起來，使得糧食價格不至於暴跌。等到收成不好的年頭時，市面上可供應的糧食少，此時政府再以市場平價賣出儲備的糧食，保證市場不會因為糧食供不應求而價格暴漲。

在如何界定收成好與不好時，李悝設置了具體情況分析。他按標準把豐收年界定為大豐、中豐和小豐三個等級，按等級收購老百姓的糧食，也按標準將荒年分為大荒、中荒和小荒，按標準為老百姓發放糧食，讓老百姓安心種植糧食，不會因為貧困而流離失所。簡單來說，「平糴法」就是取有餘而補不足，防止「**穀物甚貴而擾民，或甚賤而傷農**」，用這種方法限制商人的投機，在很大程度上也保護了農民的利益。不僅如此，魏國也能儲備足夠的糧食供給軍隊，遇到戰時荒年能迅速反應供給糧食，極大的增強了抗災能力。

從三家分晉到李悝推行變法，在一段較長的時間裡，魏國採取內修策略，農業發展使得國內經濟處於穩定增長的趨勢。土地的私有化和糧食作物的產業化種植，農民可以自由支配勞動，形成了最初的自給自足的小農經濟體制。此外，再輔以商業的發展，各國土特產的貿易使魏國獲得了大量的稅收。國庫日漸充裕，成為魏國稱霸的經濟保障。

整頓吏治：無功不受祿

二〇一〇年十月十六日的晚上，大陸河北大學校園內出現了一起飆車撞人事件。肇事者叫囂：「**有本事你們告去，我爸是李剛！**」事發之後，「我爸是李剛」一語迅速紅遍網路，各大論壇和部落格上「我爸是李剛」的各種版本的詩文如火如荼。隨之而來的，是各種社會輿論抨擊，有關「富二代」、「官二代」的負面新聞層出不窮。

此時，不少人想起老百姓口中那句酸溜溜的話，叫「窮不過三代，富不過三代」。仔細想來，這句話確有其含義。

貧苦之家「生於憂患」，因而他們懂得辛勤勞動，盡其所能脫貧致富；而富貴人家卻安於享受生活，他們一代代奢靡下去，即使有再多的家產也終會有千金散盡的一天。

古時候的「富二代」、「官二代」想要「脫富」、「脫官」並不容易，因為他們的財產和官爵都是世襲。長輩過世之後，子孫們完全可以享受到父輩所受的國家政策和待遇。世襲的官爵越來越多，政府需要支付的「薪資」也越來越多，無疑成為這個國家的隱患。

隨著改革面向的不斷擴大，李悝的行事手法越來越穩；再加上有了經濟的保障，魏文侯對李悝的信任只增不減，接下來李悝便可以針對「富二代」、「官二代」，進行改革了！原來，「盡地力」和「平糴法」讓越來越多的農民有地可種有糧可食，越來越多的荒地得到開墾，日子似乎越來越好。但是，有一大批不專業的種植者似乎越來越不好過。之所以叫「種植者」，是因為他們本不是農民，但是為了生計他們卻必須做這些農活。他們本來應該衣著豔麗的享受自己奢侈的生活，然而他們做夢也沒想到自己會被趕到荒地，來做他們從來不會親自效勞的田地。這就是李悝要做的下一步——「階級鬥爭」，也就是當時的農民階級和貴族階級的鬥爭。

詩三百中，一首流傳較廣的魏國民歌就充分反映了當時情況。

魏風・碩鼠

碩鼠碩鼠，無食我黍！三歲貫女，莫我肯顧。
逝將去女，適彼樂土。樂土樂土，爰得我所。
碩鼠碩鼠，無食我麥！三歲貫女，莫我肯德。
逝將去女，適彼樂國。樂國樂國，爰得我直。
碩鼠碩鼠，無食我苗！三歲貫女，莫我肯勞。
逝將去女，適彼樂郊。樂郊樂郊，誰之永號。

這首詩是《詩經》中收錄的魏國風（民歌）之一，也正是李悝推行「階級鬥爭」的背景。從字面意思上看，直觀的唱出對老鼠的憎惡，希望老鼠不要偷吃莊稼，不要破壞百姓們的勞動成果。實際上，這些厲害的老鼠不單單是偷吃糧食的動物，更是那些不勞而獲的貴族，他們是真正吞噬老百姓勞動成果的大老鼠。李悝看清了問題，率先拋出磚頭，以便引出美玉。在《說苑・政理》中就有一個關於「魏文侯問政李悝」的故事。

時值秋收，魏文侯大宴群臣，以慶賀百姓豐收國庫充裕。在座的文武百官穿戴隆重，只有李悝衣衫襤褸，與張燈結綵的氣氛格格不入。魏文侯眉頭微皺，有些不滿。席間，魏文侯沉思片刻，側首問李悝：「卿認為怎樣才能治理國家呢？」

李悝巡視了周圍的士大夫，從容的說：「治理國家的原則就是：給付出勞動的人以足夠的衣服和糧食，封賞有功勞和有貢獻的人，換而言之就是推行賞罰得當的政策。」聽了李悝的回答，魏文侯搖搖頭繼續問到：「寡人一向賞罰得當，但是國人還是不滿意，這又是為什麼？」李悝繼而回答：「那是因為國家有很多不勞而獲的蛀蟲，顯失公平。因此，我認為應該取消這些人的俸祿，用此來招攬國家的有志之士。」

此刻全場一片譁然，怒目注視李悝，但李悝仍理直氣壯的向魏文侯進言道：「這些士大夫因為祖輩有功勳所以國家給他俸祿，他的後輩沒有功勳還能永久的繼承他們的待遇，出門就乘車馬、穿著華美的衣衫，在家則沉迷鼓樂歌舞，享受榮華富貴。」

「正因為這些無功的子女的享受，打亂了地方上按勞分配、論功行賞的法規，敗壞了社會風氣。因此，要從根本上掃除這些腐朽勢力和醜惡現象，現下取消這些人的俸祿，用來招攬國家的有志之士是當務之急，這就是所謂的消滅蛀蟲。」

隨即，李悝被魏文侯委以重任，整頓吏治，提出了「選賢舉能，賞罰分明」和「食

有勞而祿有功」的策略，主張實行新的官爵體制，改變原有的世卿世祿制。所以，原本無憂無慮的「富二代」變成了拓荒的老百姓，而那些為國家做出貢獻的人則獲得相應的官職和俸祿。

李悝所推行的「無功不受祿」策略，實際上否定了從西周以來的世卿世祿制度，剝奪舊貴族世代所享有的政治特權和經濟特權，使得他們逐漸退出政治舞臺，而賦予賢能人才新的政治和經濟地位。此後，一大批低層出生的人，如：吳起、西門豹、樂羊等賢才湧進魏國，他們因有功於魏國而被授予高官厚祿，成為一代新的政界顯赫，並逐漸上升為統治階級。

《法經》：治亂振興的「基本國策」

在春秋末年、戰國前期，統治者往往依附《周易》中的禮法來約束老百姓的行為，在進行事務判定的時候把自己的思想當作「禮」和「法」的原則，標榜自己是以禮治國，依法治國。因此，古時候經常會出現這種情況：

同村的李二哥和張三弟進城趕集，回來的時候發現李二哥的左腳被砍掉了，而張三弟的右手被割斷了。張三弟忍耐著無比的疼痛，問李二哥：「**李二哥，你的左腳怎麼了？**」李二哥看看自己包裹著厚厚布條的左腳，然後指著屋外，輕聲回答道：「**他們說我犯了法，壞了規矩，所以砍了我的左腳。**」說完之後搖搖頭，忽然看見張三弟的右手還滲著鮮血，驚問道：**「三弟，你的手呢？手怎麼了？」**張三弟心痛的說道：**「唉，他們也說我犯法了，可是我不知道自己怎麼得罪他們了。」**於是，兩個人就這樣驚懼的生活，不敢絲毫聲張。

所謂「禮不下庶人」，老百姓們無論犯沒犯法、犯什麼樣的法，都是由當時的貴族階級說了算，採取的刑罰措施也是由貴族階級自行擺布。這種情況便是古時候出現的祕密法時期。統治階級認為刑律絕不能讓老百姓知道，越隱蔽越好，這樣才有利於他們統治老百姓。也就是說，統治者為了增加刑律的神祕感和恐怖感，甚至可以隨意處置老百姓，以形成一種「行不可知，則威不可測」的氛圍。長此以往，貴族階級不啻擁有司法特權，對老百姓的定罪量刑沒有任何限制，冤案比比皆是，老百姓惶惶不可終日。

春秋末年，晉國和鄭國先後制定了一系列刑鼎或刑書，以公布新的法律條文，作為評判百姓犯罪的依據。

隨著歷史條件的改變，戰國時期，則出現了更多的新的成文法典。其中，最為完善的一部法典便是李悝編訂的《法經》。李悝「撰次諸國法」，參照當時各國法律條文修訂出《法經》六篇，包括盜、賊、囚、捕、雜、具六個部分。在《晉書‧刑法志》中特別提到《法經》的內容：

> **「以為王者之政，莫急於盜賊，故其律始於《盜賊》。盜賊須劾捕，故著《網捕》二篇。其輕狡、越城、博戲、借假不廉、淫侈逾制以為《雜律》一篇，又以《具律》具**

其加減。是故所著六篇而已，然皆罪名之制也。」

盜，是指侵犯財產的犯罪活動，大盜則發往邊境充軍，嚴重的要處以死刑。窺宮者和拾遺者要受臏、刖之刑，表明即使僅有侵占他人財物的動機，也構成犯罪行為。賊律是對有關殺人、傷人罪的處治條文。其中一條規定，殺一人者死，並籍沒其家和妻家；殺二人者，還要籍沒其母家。可見，連坐制在當時已經成形。而盜律和賊律位於六篇之首，則表明了《法經》維護國家秩序、保護私有財產的實質。

囚、捕兩篇是有關審判和逮捕盜賊的律文。雜律內容包羅尤廣，包括以下幾類：一、淫禁。禁止夫有二妻或妻有外夫。二、狡禁。有關盜竊符璽及議論國家法令的罪行。三、城禁。禁止人民越城的規定。四、嬉禁。關於賭博的禁令。五、徒禁。禁止人民群聚的禁令。六、金禁。有關官吏貪汙受賄的禁令。如規定丞相受賄，其左右要伏誅，丞相以下的官員受賄要處死。

六篇中最後一篇是具律，也就是《法經》的總則和序言。其中還包含一些具體實例，根據具體情況加重或減輕刑罰的某些規定。

《法經》作為中國歷史上第一部有文字可考的成文法典，其內容總體上較為完備，表明了它是維護封建國家秩序、保護占統治地位的地主階級根本利益的刑法法典。自頒布之後，魏國一直沿用，後由商鞅帶往秦國，秦律即從《法經》脫胎而成，漢律又承襲秦律，故《法經》在中國古代法律史上有非常重要的地位。

值得一提的是，早在西元前一千七百多年前，古巴比倫王國的國王漢摩拉比為了鞏固政權，建立中央集權的國家，維護貴族的利益，也頒布了一部法典。一九〇一年，法國人在伊朗西南部的蘇撒古城挖掘出這部法典，三千五百多行的楔形文字，準確完備的記錄了當時的各項例律。

其內容例如「**任何一個人竊取寺廟或者皇宮的財產，他將被處以死刑，而從他那裡獲得到贓物的人也一併處以死刑。任何一個人購買別人的兒子或者是奴隸；以白銀或者黃金，換取男性或者女性的奴隸，公牛或者羊，卻沒有見證人或者合約，如果他做出了這些舉動，他將被當作扒手看待並處以死刑。**」竟與《法經》所述驚人的相似。

二〇〇二年，大陸第一座法制公園在北京密雲落成。公園占地四千公頃，一共包含九個部分，分別為公園由神路、歷史法典長廊、中國古代法典廣場、中國現代法典廣場、現代法律區域、外國古代法典廣場、外國現代法典廣場、歷史法學名人趣味群雕、憲法廣場。整個公園構思獨特，極富創造力，彰顯了法制在古今中外的重要意義。其中，核心的部分便是被稱作李悝廣場的中國古代法典廣場。

李悝廣場大約占地一千多坪，在廣場上鑄造了兩座大型雕塑，前面是以竹簡為造型的中國古代第一部較為完整的法典即李悝編著的《法經》雕塑；後面是用九十多塊漢白玉和青石組合而成的高八公尺、重三百多噸的李悝坐像。這是一個象徵，也是對一個人的紀念。

改革先鋒的結局

作為戰國時期最早的變法，李悝變法的效果是成功的。李悝在魏國的變法，不但影響了魏國的歷史，更影響了整個戰國的歷史。

從某種意義上說，魏文侯時代李悝的變法，其實就是整個戰國時期變法的試驗田，列國諸侯從魏國的強大過程裡，看到了變法對於國家崛起的重要意義。從此之後，其他列國的變法轟轟烈烈的展開。當時幾乎所有開展變法的國家，都把魏文侯和他治理下的強大魏國，作為變法的楷模和目標。

而魏國也同樣是戰國變法人才的「培訓學校」，早期在其他國家主持變法的人才們，許多人都在李悝變法中扮演過重要角色，比如後來主持了楚國變法的吳起，早年就是魏國李悝變法時的助手。而列國變法中最徹底的商鞅變法，也基本是以李悝變法為藍本。這時期的各類變法中，唯一和李悝變法無關的變法行動，應該就是燕國的「復古」改革，這種歷史倒退的做法，引發了燕國自身的一場內亂，險些淪亡於齊國之手。

作為戰國諸侯中第一個「下海」變法者，魏國的國勢，在魏文侯在位的時期達到了一個高峰。他在位的五十年，是魏國雄霸天下、稱雄諸侯的五十年。西面的秦國被他打得服服帖帖，東面的齊國唯他馬首是瞻，南方的楚國遭到他聯合三晉勢力的一次次沉重打擊。儘管與北方的趙國發生過摩擦，但韓趙魏三國中，魏國卻是當之無愧的老大。而在當時整個戰國大勢中，魏也是國力最強者。

從總體方面來看，春秋時期商業的發展，產生了不少暴發戶。「萬乘之國必有萬金之賈，千乘之國必有千金之賈」。從商人資本運動的目的來看，它並不是為購買者或生產者服務，而是為了增殖貨幣追逐利潤。他們透過不等價交換獲取超額的商業利潤，本質上代表的是一種掠奪制度。但從客觀上說來，商人資本對社會發展所起的積極作用卻是不可抹殺的。

首先是促進了社會經濟結構的變革。從春秋時期開始，由於社會生產力的進步和各國先後進行田制和稅制的改革，井田制趨於瓦解，逐漸改變了先前「三年一換土易居」的公有性質，開始向土地私有制轉化。

在這個轉化過程中，個體小農為了繳納國家沉重的賦稅，並購買自己的生產生活必需品，常常把自己的耕織產品投入市場，因此不免遭受商人的中間剝削。尤其是一遇水旱饑饉，生活難乎為繼，「又稱貸而益之」，或者「倍貸以給上之徵」，忍受高利貸的重利盤剝。這樣，個體農民的貧富分化日益加劇，土地買賣也會隨之發生，封建土地私有制終於最後確立下來。

可見，「在公社內部，原始的自發的分工被交換排擠得越多，公社各個社員的財產狀況就越加不平等，舊的土地公有制就被埋葬得越深，公社也就越加迅速地瓦解為小農的鄉村。」當時社會經濟結構所發生的這場重大變革，商人資本所起的推波作用無疑是社會進步的槓桿之一。

其次則是推動了商品經濟的發展。商人資本在流通領域的廣泛活動，不斷擴大了商品市場，使生產朝著交換價值的方向發展，使只具有使用價值的產品發展成為具有交換價值的商品，這對閉塞的停滯不變的自然經濟體系來說，不啻注入了新的活力。

它不僅使手工業者得以充分開發自然資源，進一步擴大商品生產，以滿足社會多方面的需要，而且使農業的商品化程度也有所提高，直接或間接增強了小農經濟的自我調適能力。是時，「**水居千石魚陂；山居千章之材；安邑千樹棗；燕、秦千樹栗；蜀、漢、江陵千樹桔；淮北、常山已南、河濟之間千樹萩；陳、夏千畝漆，齊魯千畝桑麻，渭川千畝竹；及名國萬家之城，帶郭千畝畝鐘之田，若千畝卮茜，千畦薑韭，此其人皆與千戶侯等。**」

這種農副產品大規模的專門化生產，正是商品經濟繁榮的突出表現之一。而商品經濟的發展總是有利於增加社會財富，改善人民生活狀況的。

再有一方面，加速了貴族等級制度的瓦解。富商大賈以其雄厚的財力與社會上層廣泛交遊，不斷尋求政治支持，從而提高了自身的社會地位。他們「**無秩祿之奉，爵邑之入，而樂與之比者**」，並不滿足這樣的「素封」地位，還要千方百計躋身於政治舞臺。「官職可以重求，爵祿可以貸得」，金錢成為打開貴族政治大門的武器。很多大商人，開始以不惜重金作政治交易，還爬上了重要官位。而不少貴族、官僚也直接參與經商活動，孜孜求利，使社會再也不好繼續賤視商人了。

「**苟衛國有難，工商未嘗不為患，使皆行而後可**」，隨著時間的推移，改革之後工商業逐漸已成為攸關國家政治大局的依靠力量。過去「**天子建國，諸侯立家，卿置側室，大夫有貳宗，士有隸子弟，庶人工商各有分親，皆有等衰**」，現在士農工商皆為「國之石民」，貴族等級制度的堤被沖毀了。這種社會政治結構的重新整合，是有其進步的意義。

歷史是最無情的，「風流總被雨打風吹去」，多少帝王將相的豐功偉績至今早已作古。但同時，歷史又是最慷慨的，那些傳承與發展文化的先哲，他們的思想至今依然讓我們受益匪淺。時代雖然變了，但不管是什麼時候，總有一些人承擔起傳承文化的責任，「為往聖繼絕學，為盛世開太平」，這才是中華民族屹立不倒的根源所在，與再次崛起的最強動力。

第三章 吳起變法：保守和創新型團隊的博弈

內憂外患：絕境中的楚國

中國有句俗話叫「天上九頭鳥，地上湖北佬」，意思是說湖北人普遍厲害，像天上的神鳥一樣不好惹。現在行政劃分上的湖南湖北，正是古代荊楚大地的所在，因此九頭鳥的說法很可能來源於楚文化中對於鳳凰的崇拜。

這片土地歷史悠久，民風驃悍，《史記・楚世家》中記載楚國的遠祖是顓頊帝高陽，高陽的曾孫重黎被當時的高辛帝封為祝融，派去討伐共工氏，戰敗後被流放到楚地，從此後人便在這片遠離中原的天地裡生息繁衍。

夏商周三朝都把楚地看做蠻夷，與中原的諸侯格格不入，楚人倒也樂得自在，不以為意。周氏東遷後諸侯混戰，楚國也趁勢出兵討伐隨國，並且強迫隨國國君上表周王室，要求王室尊楚國為王。周王室再怎麼軟弱也不會答應這種無理的要求，所以當時雄心勃勃的楚王熊通索性脫離周王室，是為楚武王。武王死後他的兒子文王即位，楚國開始在郢定都。

在歷任楚王和楚國大夫們一代代的努力下，楚國逐漸壯大。到了楚莊王八年，周王室再也不敢小覷這個擁有廣袤土地的「蠻夷」國家，派王孫滿出使楚國。楚莊王向王孫滿問起了那九尊象徵著權力和地位王鼎的大小輕重，大有直取中原之勢。「楚王問鼎」

也標誌著楚莊王成為了春秋時期的一位霸主。可以說，整個春秋時期都是楚國成長和擴張的時期，在一個接連一個強勢國君的領導下不斷進行對外戰爭，很快就成為了橫跨江淮流域的泱泱大國。

西元前四〇三年，周威烈王二十三年，楚聲王五年，周天子正式冊封晉國的趙、魏、韓三家為諸侯，歷史進入了戰國時期。

這個時候的楚國正處在日子最不好過的階段，首先是國內尖銳的矛盾。在春秋時期，楚國國內的舊世族勢力發展的十分龐大，士大夫掌權直接導致王權的旁落，國家岌岌可危。楚莊王調兵滅掉國內最大的氏族若敖氏之後，便開始採用公子執政制度，國家裡重要的職務都必須由楚王的近親擔任。這種制度在春秋前期的諸侯國中很普遍，其初衷是為了防止其他大世族權力過大，威脅到楚王的統治。

這在一開始或許是有效的，可是常年實行任人唯親的政治制度，結果便是使國家墮落到黑暗的深淵中。在楚國開始實行公子執政制度的時候，晉國已經用相當殘忍的鐵腕手段打擊國君近親的勢力。到了春秋末期，這種制度的弊端在楚國顯露無疑，楚國的令尹（宰相）一律由國君的兄弟擔任，這些公子貪得無厭、目無法紀，把社會攪得烏煙瘴氣，民不聊生。

楚聲王是個昏庸無能的君主，根本沒有能力解決這樣根深蒂固的體制問題。曾經翱翔天際的大楚只能如奄奄一息的雀鳥匍匐於地下，國民無法忍受這樣的生活，暴動不斷、群盜四起。於是，身為國君的楚聲王在他即位的第六年即為盜所殺。史書上對於楚聲王的死只是輕描淡寫的說了一句「盜殺聲王」，連這個國家的國君都得不到周全的保護，可見這個國家已經處於一種無政府狀態了。

聲王死後，楚悼王即位，在他即位的第二年就不得不面對一個巨大的挑戰——來自鄰國的威脅。這些剛剛從舊諸侯國中分離出來的新力量大多擁有著先進的社會制度和旺盛的生命力，對於早已喪失了楚莊王時期強大戰鬥力的楚國來說，這是致命的打擊。趙魏韓三國聯合伐楚，逼得楚國只得「歸榆關於鄭」。

楚悼王十一年，即西元前三九一年，三晉再次聯合伐楚，在榆關、大梁處大敗楚軍。楚悼王沒辦法，只好派人帶著厚禮向秦國求援，在秦國的斡旋之下三晉才同意退兵。這次戰役後，魏國直接把都城遷到了靠近楚國的大梁，對楚國土地虎視眈眈，令楚悼王時時感到芒刺在背。

那些從前屢屢敗在楚國手下的北方諸侯經過了大刀闊斧的改革，春秋時期遺留下來的積弊在改革家的努力下日漸消弭，全國上下欣欣向榮，改革的浪潮也是一浪高過一浪。在看到只有彈丸之地的魏國在李悝主持的變法下日益強盛之後，生活在內憂外患中的楚悼王也對變法動了心。

或許是上天眷顧楚國，魏文侯死後，李悝的同事吳起與新即位的魏武侯相處的不好，吳起被迫逃離了魏國，來到楚國尋找新的機會。在這片偏遠而荒涼的土地上，他註定要成為一位傳奇人物，與一位頭腦靈活的國君合作，書寫一段濃墨重彩的歷史。此時，歷史的大幕在這位將軍的推動下，緩緩拉開了。

吳起相楚：英雄總有用武之地

吳起是戰國時期著名的軍事家和政治家，他是衛國人，出生在今天的山東定陶，年輕的時候家境不錯。戰國初期社會形式加速轉變，諸侯間的兼併戰爭越演越烈。亂世出英雄，那時的年輕人都希望能成就一番事業，縱橫天下出將入相。吳起也不例外，仗著家裡經濟條件不錯，到處旅遊，想著能找到一分體面的工作。不過他畢竟年輕，很難受到賞識，所以屢仕不遂，漸漸的千金家產也被他揮霍一空了。

家鄉的鄰人看到吳起一事無成就灰溜溜的回了家，經常譏笑他。年輕氣盛自尊心強的吳起一怒之下，斬殺了說閒話的三十餘人。母親見他闖了大禍，就讓他連夜逃出城去。臨走前吳起向母親起誓：「**不為卿相，不復入衛！**」之後就頭也不回的走了。

無家可歸的吳起跑到了曾參的門下，開始用知識武裝自己的頭腦。曾參不但是孔子的學生，更是個大孝子，他對於父親曾晳的順從已經到了連孔子都覺得恐怖的地步。有一次曾參不小心鋤倒了一顆瓜苗，就被曾晳用棍子一頓暴打，他不反抗也不躲避，被打得昏倒在地，醒過來後還關心的問父親用這麼重的棍子打人是不是累著了。

吳起到曾參門下沒多久就收到了母親逝世的噩耗，按儒家禮法應當回家守孝三年。

吳起可能是不想違背自己臨行前的誓言，也可能是他因為殺了三十多人被衛國通緝，總之最後他沒有動身回國。這種行為在曾參看來就是大逆不道，因此認為吳起此人不可教，便把吳起趕走了。吳起沒有辦法，只能轉而跑到魯國。學習過兵法的吳起，在魯國做了個小官，漸漸為魯君所知。魯國此時的處境也不好，齊國兵臨城下，朝野上下都沒有一個能帶兵打仗的人。魯君無意間想起了吳起，本有意授他兵權，卻顧慮到吳起的妻子是齊國人，怕他陣前倒戈。

這件事不知怎麼傳到了吳起的耳朵裡，為了得到這次難得的出頭機會，吳起「大義滅妻」，親手殺死了自己的結髮妻子。千年之後的我們無從知曉那位不幸的齊國女子在看到丈夫砍向自己的屠刀時有何感受，甚至已經無法考證她姓甚名誰。我們也不知道吳起真的是個嗜殺成性、冷酷無情的機會主義者，還是他把那個要出人頭地的誓言看得太重，只能逼著自己狠下心腸。令人唏噓的是，在那個以男人為主體的社會裡，那些本應該受到保護的弱女子總會成為時代的犧牲品，被她們最信任的人背叛，付出她們承受不起的代價。

魯君被吳起的決心震動，命他為將軍，結果大敗齊軍，用事實證明了自己的能力。魯君大喜，想要重用吳起。一個外來的逃犯平步青雲引起了魯國大臣的嫉妒，這些嫉賢妒能的小人跑到魯君跟前，翻出吳起不光彩的過去詆毀他。

真正讓魯君介意的還是吳起的身分，魯國和衛國是盟國，若是衛國的逃犯在魯國做了大官，定會招來衛國的看輕。於是，吳起再一次收拾行李，踏上了旅途。

這次他的目的地是魏國，魏文侯是個有遠見卓識的君主，李悝也正在魏國進行變法，廣開言路，選賢任能。李悝給吳起的評價是：「**貪而好色，然用兵司馬穰苴不能過也。**」司馬穰苴是齊國繼姜尚之後著名的軍事家，司馬氏的祖先，所著的《司馬法》在中國兵法中占有十分重要的地位。李悝給予吳起這個評價，可見他認為吳起具有傑出的帶兵打仗的能力。

魏文侯聽從李悝的建議，拜吳起為將，攻打秦國，沒多久就攻下五座城池。別看吳起連自己的妻子都敢殺，可帶兵打仗時絕對是個體恤下情，廉潔奉公的將領。軍中有個小兵生了疽瘡，吳起親自為他把膿血吮吸出來。兵士的母親得知了這件事大哭起來，旁人不解，問道：「**你的兒子不過是個普通的士卒，將軍親自為他吮膿瘡，你為什麼要哭？**」悲傷的母親回答說：「**之前將軍也為孩子的父親吮過膿瘡，他父親感念吳將軍的恩德，在戰場上無所畏懼戰不旋踵，最終死不知其所。現在兒子也受了將軍這樣的恩德，我也要不知道他會死在何地了。**」歷朝歷代的傑出將領有幾個能做到吳起這個地步，自古名將出「孫吳」，的確名副其實。

吳起在魏國的仕途一路平順，他的生活總算安定了一些。因為戰功顯赫，魏文侯命他駐守河西地區，以抵擋虎視眈眈的秦國和韓國。記載著他軍事思想的傳世名作《吳起兵法》就是在這個時候成書的。然而天有不測風雲，文侯死後武侯即位，相國公叔與吳起不和，使了一齣離間計，讓魏武侯開始猜忌功高震主的吳起。吳起看出了自己處境不妙，急忙在武侯降罪於他之前離開了魏國，一路向南跑到了正在混亂的楚國。

苦惱中的楚悼王早就聽說過吳起的名聲，此時的楚國急需一位強硬的將領，幫助國君清除積弊，重振大楚的雄風。所以吳起一到達，楚王就拜他為相，希望他把在魏國大獲成功的變法移植到楚國。「卿以國士待我，我必以國士報之」，吳起沒有辜負楚悼王的期待，很快就根據楚國的現狀提出了具體的改革方案，他們要為楚國最根本最難解決的問題動一次大刀闊斧的「外科手術」。

明法審令，李悝變法的升級版

變法變法，首先要明確的是變什麼、怎麼變。

吳起曾在魏國參與過李悝的變法，李悝這個人是典型的法家，創立了中國歷史上第一部法律《法經》，地位堪比著名的漢摩拉比。吳起認真的總結了李悝變法的經驗，向楚悼王說明了自己變法的指導思想。他認為推行法治是一個國家強盛的基礎，一個國家若是從上到下都能做到令行禁止，則稱王稱霸指日可待。於是他上書楚悼王，要在整個楚國實行法治，施行的程度比李悝變法還要徹底。

楚國混亂的根本原因是一成不變的政治和官僚體制。地處偏僻不能及時的接觸到中原地區的先進變革，楚國沿用的還是殷周時期的官制，大大落後於戰國時期的其他國家。官分文武、將相是一個國家由落後大步向前的重要過程，但楚國只設令尹作為輔佐國君的大臣，已經完全跟不上時代的潮流。王公貴族皇親國戚因為長時間的不受管制，在所統治的地區裡魚肉百姓作威作福，長此以往國將不國。

為了把楚國改造成雄踞一方的大國，吳起特地為楚國制定了一系列變法措施。第一條亟待解決的問題就是樹立國君的公信力，明法審令。明法，要制定詳細的法律條文，且讓楚國子民上至國王下至莽夫人人知曉，人人敬畏，人人遵守；審令，重新修訂以往頒行的法律條文和國家政策，符合當下情況的，繼續留用且加大推行力度，至於那些已經過時和脫離了生活實際情況的，要立刻停止使用。這一思想是吳起在楚國進行的變法的總領思想，見證了李悝變法的成功經驗之後，吳起並沒有機械的複製李悝的種種措施，而是對楚國因地制宜，推出了一系列適合的變法措施。

要恢復國君的公信力，在百姓心中樹立言出必行的形象，吳起也玩起了「徙木立信」的把戲，據《韓非子・內儲》記載，吳起命人在鬧市上立一架車轅，誰能把這個車轅搬走，就由國家給予獎賞。當第一個敢於嘗試的人拿到了豐厚的獎賞後，參與的人就源源不斷了。國家一一兌現之前的獎賞，以此讓人民看到國君改變的決心。

這一做法和商鞅不謀而合，實際上如果我們對比商鞅和吳起這兩個人的人生就能發現，他們兩個在很多地方都有共通之處，不同的是，吳起的變法最終以失敗告終，而商鞅雖然被處以極刑，他的變法措施卻令秦國傲視群雄。

言歸正傳，新頒布的法令更多的還是約束官員的權力。要求楚國大小的官員必須做到「私不害公」和「行義」，不能計較個人的毀譽，個人的行為舉止絕對不可以影響到國家的利益，並且必須盡力為百姓做事，一心為楚國效力，為國家謀求福利和發展。

吳起著重控制的另一方面是社會輿論。戰國時期國家處於分裂狀態，對思想的管控十分放鬆，優厚的土壤培育出了思想界百家爭鳴的局面，遊說於各國之間的思想家比比皆是。

其中最為正統學術嗤之以鼻的即是蘇秦、張儀等為代表的縱橫家。這些人學貫古今，頭腦靈活有著三寸不爛之舌，遊走在各國諸侯之間，就像現在遊走於很多國際大企業間的職業經理人一樣，看重的是高官厚祿錦衣玉食，並不忠誠於某一位君主。

縱橫家們也不會從事能使國家富足發展的有效的政治經濟措施，僅僅只是向國君獻策結交哪個國家，疏遠哪個國家，其本質就是一種權宜之策。縱橫家是投機主義者，與那些有著抱負理想、思想主張的改革家不同。如果放縱他們在國家散布言論，會對改革的實行產生負面影響，甚至阻撓改革的推行。

吳起不願自己變法好不容易見到的一點成效，被縱橫家的遊說所破壞，就採取了「破橫散從」的方法，驅散在楚國境內的縱橫家，「使馳說之士無所開其口」不給他們機會動搖國君和百姓們進行改革的信心。

換一個角度來看，吳起的這些做法與中央集權的大一統社會中，君主為了確保國家高度統一而進行的思想控制十分接近！只是此時這個控制的範圍小得多，只在楚國境內施行，而且的確有利於國人接受變法，讓變法的下一步措施得以順利的進行。

楚悼王支持吳起進行的變法在楚國如火如荼的進行，前文提到過，楚悼王的父親楚聲王是被「盜」所殺，楚悼王的王位是由國人擁立的，這時的楚王政權已經具備了集權社會的性質；這次變法是由吳起代表的新興政權主持的封建改革。這樣的改革順應了時代的潮流，加上吳起雷厲風行的手段，在楚國可以說是立竿見影。在確立了法治根基之後，下一步吳起又有什麼動作了呢？

削爵平祿，國家財政的再分配

周朝實行分封制，有句話說「**普天之下莫非王土，率土之濱莫非王臣**」。周天子在確保自己有足夠的領地之後，就把其他土地分批承包給那些對王室有功的大臣們。是為諸侯。諸侯國中有獨立的君主，獨立的經濟體系，獨立的軍隊甚至獨立的文字和貨幣。可以想見，在那個時代，生活在其他國家的人要是去了楚國，會發現自己聽不懂那裡的方言，看不懂人家的文字，就連買個東西也要因為度量衡不統一而弄的一頭霧水。

總之，去了別的諸侯國，就是出國了。所以分封制遭到了後世的很多詬病，認為是導致周朝分崩離析的罪魁禍首。秦始皇統一六國後，廢分封，行郡縣；西漢建立後，劉邦出於無奈分封了很多異姓王和同姓王，後來直接導致了王朝初期的動盪與漢景帝時的

「七國之亂」，直到後來漢武帝實行推恩令，才用較為溫和的方式廢除了分封制。

那麼分封制究竟有什麼不好呢？拿楚國來說，主要在於官員任用是採世襲制度。原來，戰國時期科舉制度還遠遠未被創造出來，政治基本上是貴族政治——因為楚國是由熊姓的人來當國君的，因此掌握著國家重要官職的人大多是國君的親戚，其他不重要的官職則是國君親戚的親戚。至於平民百姓則在管仲留下的陰影中，基本上生活的老實本分，也就是說，如果家裡沒有點資本，祖上沒有點官職的話，這輩子基本就要守著幾畝薄田終老了。

相反的，家裡祖上若是被封過爵祿，那世世代代的子孫可都吃穿不愁了，這功勳會一直在這個家族流傳下去。可是國家就那麼大，能分配的生產資源就那麼多，後來那些為國家立下汗馬功勞的人，就得不到這種待遇。如此惡性循環下去，將士們都覺得打仗勇猛是無用的，軍隊的戰鬥力於是就大幅下降。

世襲制這個問題向來是制約諸侯國國富民強的重要因素，因此變法家們在得到國君的信任後，就會把變法之斧砍向這裡，吳起也不例外，他首先實行的是均爵平祿：「**均楚國之爵，而平其祿，損其有餘，而繼其不足，厲甲兵以時爭於天下。**」

這項措施從長遠看來是在為加強國家軍事力量做準備，而且頗有些劫富濟貧的意味。能激勵底層兵士的戰鬥積極性，讓他們認為只要努力打仗就有改變命運的機會。在人類平均壽命不足三十歲的古代，人口實在是國家珍貴的資本。能動員更多的人自覺自願的當兵打仗，肯定比出現「**暮投石壕村，有吏夜捉人**」的悲劇好很多。

當兵的人多了，種田的人就少了。農業是國家的根本，農業產出少了，怎麼給那麼多軍隊發軍糧軍餉呢？所以吳起開始縮減國家財政支出，「**封君之子孫，三世而收爵祿，絕滅百吏之祿秩，損不急之枝官，以奉選練之士。**」

只因為生了個好人家，就能一輩子吃穿不愁，這和國家和社會的發展方向都是相悖的。所以到了吳起變法時，富二代們的好日子到頭了。吳起變法廢除了三世以外的爵祿，把省下來的財物分給更有能力，更需要獎賞的將士們。這是國家財政的一種合理分配和優化調整，把牛奶送給更需要的人，總比讓它們在富有的人手中被白白倒掉好。

吳起認為封君太眾和大臣太重是楚國的兩大政治問題，必須要解決。削爵平祿解決了封君太眾的問題，大臣太重這個問題就需要更複雜的手段了。大臣太重是說國家大臣手中的權威過多，王權衰落，長此以往，難保不會重演「三家分晉」的悲劇。在取得了楚悼王的支持後，吳起開始整頓楚國的官場。

他採取了兩項措施，首先要求大臣「**私不害公，讒不蔽忠，言不取苟合，行不取苟容，行義不顧毀譽**」。這說起來有些像是道德上的約束，並沒有什麼嚴格的標準，只是要求大臣們都以國家利益為重，不能只顧自己的得失，弄權誤國。人是不自覺的動物，吳起用這種思想教育的方法杜絕大臣的弄權，不得不說有些天真。他所觸動的是龐大的舊貴族勢力的利益，同時又沒有一個有力的機構進行監督，最後只能導致變法失敗。

另一項措施是「塞私門之請」，所謂私門之請，也就是俗話說的走後門，可見中國靠人情走後門的歷史是多麼悠久。本來當官的就都是貴族，之間就大多相識或是有親戚關係。那今天這個人覺得某個職位有利可圖，就可以請託層層關係，找到權力大的官員，讓他任命自己做這個官。

由於是這個官員幫自己當官的，所以當官之後，也就要一切聽從這位上官的吩咐，楚王的話倒是可聽可不聽了。而另外一位官員提拔的人選，則會忠誠於另一位官員。因此一旦這兩位大臣有了分歧，他們的門人自然也都要表明立場，相互對立。官場上走後門，任人唯親，很容易形成黨派之爭，這是任何一朝的執政者都不願看到的，所以吳起堅決打擊這種風氣。至於他採取了什麼樣的措施來堵塞這種私門之請，我們不得而知，能了解到的只是他的辦法確實奏效了。

經濟學上有個懶馬效應，指的是如果主人有兩匹馬一起拉車，卻發現其中有一匹懶馬是可有可無的，那這匹馬遲早要被主人殺了吃掉。吳起也發現了這個問題，在楚國原有的官僚體系中，有很多可有可無的官員，也就是人們常說的「冗官」，還有一些沒有能力官員，白白浪費官府下發的薪資的糧食。於是這些官員被一併裁撤，他們的薪資又被節省了下來，分給那些在戰場上浴血奮戰的將士。

吳起的政治改革對楚國的舊貴族階級是個沉重的打擊，但是卻加快了楚國的進程，在楚國留下了很深遠的影響。最重要的是，當時的這一系列措施提高了軍人的地位和待遇，讓楚國的軍隊戰鬥力得以加強。在尚武精神氾濫的戰國，誰擁有最強大的軍隊，就意味著有了逐鹿中原的能力。

邊境開發：閒人去開荒，貴族是苦力

楚國在官員任免上採取的任人唯親的制度，這種政治制度在當時的中原已經十分落後，為中原各國所摒棄。因此不久之後，楚國公子制度的弊端就顯現出來了。公子輔政避免了王權落在大世族手中，卻引起了楚王室內部的爭鬥和殺戮。兄弟相殘，叔叔殺死侄子的事情屢屢發生，楚國一片混亂。

到了戰國初期，楚王也認識到了公子執政對於楚國的影響。經過多年的經營，楚國公子已經形成了自己專有的勢力範圍。他們貪得無厭目無法紀，三不五時還會引起和鄰國的爭端，使得楚國幾近亡國。為了解決這個頭疼的問題，楚王先後想了很多辦法，甚至想過把這些公子送到鄰國去，但又怕會引起鄰國的不滿對楚國不利，只好作罷。

其實楚王有著很好的先例，即春秋時期晉國的「盡滅群公子」，把這些把持朝政的國家蛀蟲一網打盡，趕盡殺絕。但楚王卻顧念這血脈親情，認為這些人再可惡，到底也是自己的家人，最終沒有狠下心採取武力的手段。

吳起來到楚國後立刻看到了癥結所在，以「均爵平祿」大幅度的提升了將士作戰的積極性。緊接著，吳起帶領著楚國的精兵不斷進行對外戰爭，重賞之下必有勇夫，將士都想著立了功回去享福，個個把生死置之度外。加上吳起兵法出眾，楚國很快就兼併了周邊的很多小國家，把周圍大片還未開發的土地收入囊中。

這樣的改變對楚國是好事，可也帶來了不少問題。其一就是吳起削爵這一舉動觸及了楚國貴族勢力的根本，這些失去了經濟來源的貴族對吳起十分不滿，他們常年聚集在都城，對吳起和他的變法發表各種反對的言論。其二則是那些新歸入楚國版圖的土地，大部分還處於無人居住的蠻荒狀態，既無人民當然也無法生產財富，屬於食之無味棄之可惜的「雞肋」。

楚悼王為此特地請教了吳起，希望他能有辦法解決變法面臨的困境。吳起略一思索，對楚悼王說：「**荊所有餘者地也，所不足者民也。今君王以所不足益所有餘，臣不得而為也。**」一言驚醒夢中人，那些無所事事的貴族擠在都城裡就只會說三道四，還不如派他們去開發那些蠻荒之地，這不是兩全其美，一舉多得！於是楚悼王一聲令下，一場以楚國貴族為主體的「西進運動」就開始了。

吳起的這個辦法著實在是個妙策，一方面貴族被趕出了都城，短時間內無力再干涉他的變法運動，二方面也緩解了人口過於集中的壓力，對邊境地區的開發有著積極作用，還能夠促進楚國經濟的全面發展。

只是這下子可苦了那些養尊處優的公子們，他們從坐享其成的剝削者，搖身一變成了徒步開發無人荒地的背包客，其悲憤程度可想而知。古代交通本就不發達，再加上去的又是那種幾乎沒有人跡的原始森林地帶，坐車是想都不用想的了，連人走的路都要一點點踩出來。然而吳起的態度強硬，國君又鐵了心要支持他。貴族們只好收拾行囊，帶上火種和工具，開始了他們「上山下鄉」的旅程。

相信當時的人們都不會意識到，他們正在做的是一件多麼意義重大的事情。吳起的這個舉措可以說是現代拓荒運動的雛形。我們都知道歷史上最為著名的拓荒就是美國的「西進運動」；為現代西方社會打下基礎的就是由大航海時代帶來的殖民主義，殖民者翻山越嶺來到那些一望無際的處女地，用自己的雙手開拓出一片天地。然而生產方式和利益上的衝突還會造成殘酷的種族間的衝突，甚至是屠殺，則是任何有良知的人都不願意見到的人間悲劇。

由於史料記載的缺乏，我們並不知道這次拓荒是不是給生活在邊境的人們帶去悲劇，可以確知的是，吳起的這個主意給他自己帶來的絕對不是好的影響。他一系列遏制舊貴族權利的舉措在這些人心中種下了深深的仇恨，給正在熱切進行中的變法蒙上了一層陰影。

加強軍事訓練：全民皆兵以爭利天下

讀先秦史很多時候都是在讀那些諸侯國之間是如何打仗的，尤其到了戰國，社會的進步要求國家必須向大一統的方向前進，因此戰國時期的中國人是最好戰，也是最善戰的。吳起本來就是將軍出身，行軍打仗是他的老本行。「吳起變法，要在強兵」，國富則兵強，兵強則可爭利天下。

變法的效果已經初步顯現，國家政治逐漸清明，人民生活開始變得穩定富足，從裁減的冗官和流放的貴族那裡取得的罰金、沒收的錢財也使國庫變得充盈了起來。萬事俱備，加強軍隊建設的時候到了。

楚人生活不受中原禮法約束，還很有些原始部落的習氣，行事打仗上比中原人多了一些狠戾。在楚國稱霸春秋的時候，大楚的軍隊簡直令人聞風喪膽，所向披靡。但後來楚國陷入無盡的內亂之中，王室自相殘殺，百姓不堪其擾。缺乏凝聚力的部隊戰鬥力直線下降，導致在楚悼王初年，被三晉打的節節敗退，只能割地求和。

十年河東，十年河西！變法的春風處處吹，到了吳起手上，他在楚國開始著手建立一支新的「不敗之師」。

「**禁遊客之民，精耕戰之士**」，吳起是要打造一個全民皆兵，人人都可上陣殺敵的集權國家。當然不能讓這些人全年無休的在軍營中操練，那樣在人口稀缺的楚國就會造成勞動力不足，國家糧食產量下降，嚴重了甚至會引發大規模的饑荒。國家政策是耕戰並重，人民亦兵亦農。

最為重要的一點是，他決不允許具有勞作能力和戰鬥能力的丁民不務正業，遊手好閒，農民還是軍人必須選擇一樣。當然大部分人是兼具這兩種身分的，農忙的時候回家種糧，農閒的時候就被召集到兵營中操練。

國庫中積攢的那些被裁減的俸祿這時搖身一變成了軍餉和補給，確保人民放下鋤頭後還是有飯吃，或許還能比從前吃的更好。

古代國家實行的大多是強制兵役制，那時還沒有產生出些錢就可以雇人替自己服兵役的制度，國家也絕不允許有人鑽縫隙，就像臺灣實施的徵兵制一樣，不管你是多大的明星，到了該當兵的歲數，就必須去當一年兵。只不過在楚國的兵要當上就不是一年的問題了，估計除非你戰死沙場，或者老的實在走不動路，否則邊境要打仗，還是要跟著出征。

兵役一直是中國歷史兩千年來的重要部分，唐朝時規定，兵士未滿六十歲就不可離開軍隊從事其他行業，所以多愁善感的詩人才會代替獨守空閨的女子哀嘆「悔教夫婿覓封侯」。強制的兵役殘酷，卻也給國家帶來了很大的收益。據記載，吳起在楚國的變法推行了十年之後，楚國軍隊已經十分強大，「**南併蠻越，遂有洞庭、蒼梧**」。可以看到這時楚國的疆域已經擴張到了今天的湖南和廣東、廣西，這加強了嶺南地區與長江流域、黃河流域的交流。而在北方的勝利就更為重大，楚國徹底改變了在對外戰爭中被動挨打的局面。

楚悼王十九年，西元前三八三年，趙國突然發難大舉進攻衛國，衛國是吳起的家鄉，國小力弱，很快就支援不住，急忙向臨近的魏國求援。當時魏國在位的還是那位趕走了吳起的魏武侯，他收到求援信後立刻出兵，在兔台與趙軍激戰，結果趙軍大敗。這樣的事情在第二年又原樣重演了一遍，魏國這次不僅解了衛國的圍，還奪得了趙國新築的剛平，一路打到了趙邑中牟（今河南靈壁西），將取趙河東地。趙國眼見都城都要淪陷，只好放下身段向南方的楚國求援。

不知楚悼王是處於什麼動機，竟然同意出兵援救三晉之一的趙國。楚悼王二十一年，領兵與魏軍「**戰於州西，出梁門，舍軍林中，飲馬於大河**」。這一仗一直打到黃河邊上，逼得魏國不得不放棄攻趙。楚、趙兩國趁機反攻，拿下了魏國的棘蒲（今河北魏縣南）、黃城（今河南內黃西北）。經此一役楚國聲威大震，楚悼王一雪前恥，報了當年被在三晉手下節節敗退的仇。

這場勝利在《史記・吳起列傳》裡只有三個字的記載：「**卻三晉**」。趙魏韓三國本由晉國分裂而成，關係密切，這次楚國助魏攻趙有效的瓦解了三晉之間的聯合，讓人不得不懷疑這一切是不是吳起利用自己的故國設下的圈套。三晉之間反目，相當於懸在楚國頭上的一把利劍落了地。彰顯了自己實力的楚國也再一次挺胸抬頭的站在各路諸侯面前，隱隱有著重振楚莊王的霸業，再次問鼎中原的苗頭。只是，命運有時真是個頑皮的孩子，就在這樣的緊要關頭，跟吳起、跟大楚開了個不該開的玩笑，歷史意外的走向了轉捩點，歷經十幾年時間實現國富兵強的大楚最終沒能再一次站在盟誓臺上，沒能再一次傲視群雄。

又是悲劇：國君一死變法休

戰國前期諸侯國之間興起了一陣變法的潮流。自古改革都會伴隨著痛苦，舊的制度實行多年，不是一朝一夕間能改變的。活躍在這個時期的改革家在各自明君聖主的支持下，衝破重重阻礙，於是變法得以進行。然而，變法家們的命運又常常伴隨著悲情的氣息，因為改革註定要得罪既得利益者、觸動掌權者的利益，一旦改革家失去的君主的庇佑，最終等待他們只有死亡和失敗。魏國的李悝如此，韓國的申不害如此，楚國的吳起也是如此。

吳起變法中很重要的一部分內容是剝奪舊世族的特權，不僅削除了他們的爵位，還把他們發配到邊遠的荒蕪之地當苦力。據《呂氏春秋‧貴卒篇》記載，當時的貴人「**皆甚苦之**」，可以想見，這些貴族不分青紅皂白，對變法都持著敵視的態度。

就連吳起變楚國本來簡陋的「兩版垣」建築方法為複雜的「四版垣」，改善了楚人居住環境的事情，也遭到了抨擊，當時在楚國流行的道家說他是「變其故而易其常」，還稱吳起是禍人。

道家是當時楚國的主流意識形態，由此可以探知吳起變法遭到的阻力有多麼大。幸而有楚悼王堅定的支持，變法才能推行下去。經過十幾年的苦心經營，變法的成效顯現，楚國在對外戰爭上取得巨大的勝利，一直打到黃河沿岸，使江南之地盡歸楚國版圖之內。只是天有不測風雲，就在楚國大敗趙國的第二年，楚悼王病逝了！

國君逝世是國喪，按禮王室成員（包括之前被發配邊疆的舊貴族），都要回到郢都。這些貴族被強迫到偏遠的地方吃苦受罪，早就對吳起恨得牙癢癢。此時吳起不僅失去了身後強勢的支持者，舊貴族們還得到了這麼好的回國都的藉口。因此他們早就磨刀霍霍，做好了準備，集結了大批兵馬浩浩蕩蕩的回都城「奔喪」。誰都看得出來，奔喪是假，借機除掉吳起這個眼中釘才是真。

但由楚悼王的死過於突然，並未給吳起留下任何保護措施。曾經為楚國厲兵秣馬的吳起手中也並無兵權，此時只能如俎上之肉任人宰割。貴族們在王宮裡找到了吳起，一路追殺，吳起武功再高也是雙拳難敵四手，只能節節敗退，但不知是有意還是無意，最終逃到了停放楚悼王屍體的靈堂上。

楚國宗室大臣的兵馬手持弓箭圍在門口，喝令吳起出來束手就擒。吳起一言不發，只是躲在楚王的屍體之後，宗室大臣們失去了耐心，下令放箭。亂箭如雨而下，射中吳起的並不多，大部分都落在了楚悼王的屍身上。吳起是否死於亂箭之中我們不得而知（有的文獻記載他是被擒後被處以車裂的極刑的）。吳起向來是個特立獨行的改革「奇葩」，母死不赴，殺妻求將。他一生為了功成名就不惜任何代價，因此絕不會甘心就此平淡的退場，讓敵人打得毫無還手之力。

「寧為玉碎，不為瓦全！」對於這些殘害自己的舊貴族們，深謀遠慮的吳起在死前留了一手——給這些宗室大臣的是家破人亡的報復。楚國律法規定：「**麗兵於王屍者**，

盡加重罪，逮三族。」也就是說，傷害楚王的屍體是重罪，罪及三族。當時楚國的貴族使用的羽箭上都刻有他們自己的名字和標誌，在清點了楚王屍體上的羽箭後，就能知道都有哪些人犯了對楚王屍身不敬的重罪。

隨後即位的楚肅王當然不會放過這些人，最後，因為射殺吳起而被夷三族的楚王宗室多達七十多家，死者不計其數。有些貴族，例如陽城君及時逃到了國外才免於一死，但也被收回了他的封地。直到臨死前吳起也沒有認輸，巧妙的利用了楚國的律法和貴族的憤怒，拉著他們為自己陪葬。

楚國的吳起變法持續的時間很短，在剛剛見到成效時就因為國君的病逝而不得不終止。但是因為有了這十年的改變，楚國得以成為戰國七雄之一，盤踞在南方成為其他國家的心頭大患。楚國的政治制度向來腐敗，在吳起變法實行的時候，舊貴族的勢力被遏制了一段時間。但變法宣告失敗之後，舊貴族捲土重來，重新掌控了楚國的軍政大權。

直到戰國結束，楚國都沒有再出現能夠帶來重大改變的關鍵人物，只有一天天腐敗的政治和日漸衰弱的國力。軍事上再也沒能打敗其他戰國六雄，最終被秦國所滅。

變法雖失敗，在楚國還是留下了一些影響，例如吳起的「封君三世收其爵祿」的措施就一直延續了下去，演變成後來的「功臣二世而絕祿」。楚國的政治也開始由貴族政治走向了官僚政治。

吳起變法切中了楚國的時弊，因地制宜對症下藥，解決了楚國內部尖銳的矛盾，讓楚國日漸強大，這足以證明變法對於國家富強的重要性。只是楚國國君並無遠見卓識，任由吳起被殺，變法成果毀於一旦，令人不禁扼腕嘆息。

「**楚不用吳起而削弱，秦行商君而富強**」，後來歷史的走向足以證明這一點。接下來，商鞅即將登上歷史舞臺，完成這些改革同僚們未竟的事業，造就一個空前強盛的大秦帝國。

第四章　申不害改革：「君法」治國的謀權體系

強國縫隙中的弱小韓國

二〇一一年，由著名導演以及眾多明星集結的電影《趙氏孤兒》走進人們的視野。這個被譯成多國語言的中國式悲劇故事，在一定程度上掀起人們對人性的探討。不過，捧腹的經典對白成為眾多看官飯後茶餘，尤其是韓厥與程嬰兩人「夫妻」式的爭吵，讓人忍俊不禁。

韓厥：你怎麼知道這孩子長大了，就一定能一劍砍了屠岸賈。你不是要他們相親相愛嗎？你對這孩子不公平。

程嬰：我對他很公平。

韓厥：那我呢？八年了，你對我公平嗎？讓我見見孩子。

程嬰：你不怕你臉上的疤嚇著孩子，回頭再告訴屠岸賈。

韓厥：你怎麼不怕這孩子告訴屠岸賈，你每回半夜要見一個陌生人，都要把他關起來。

程嬰：我們倆約好了，每次見完你，第二天都帶他出去吃頓好的。

……

韓厥何許人也？

《括地志》說：「**韓原在同州韓城縣西南八里。又在韓城縣南十八里，故古韓國也。**」韓氏家族原本為周武王的後裔，因為封地在韓國，所以以韓為姓。韓厥則是戰國時期韓國的先祖，他一生侍奉晉靈公、晉成公、晉景公、晉厲公、晉悼公五朝國君，是一位優秀而又穩健的政治家、公忠體國的賢臣、英勇善戰的驍將。

趙氏孤兒流傳的故事中，韓厥剛正不阿，在朝在野有極高的聲望，聲望甚佳。當時，晉國發生重大變遷，權臣司寇屠岸賈藉晉靈公遇害，而把此事的矛頭指向趙盾，想借機翦滅趙氏。然而韓厥主持公道，先力主趙盾無罪，後又保護了趙氏僅存的後裔，再後又力保趙氏後裔重新得封，經過這一系列的事變，韓厥成為天下聞名的忠義之臣。趙氏復出之後，一舉滅亡屠岸氏，韓厥也被提升為晉國大卿，並逐漸與趙氏結成良好的政治同盟。

韓厥的子孫後代繼承了他的優良品格，在一次次激烈的鬥爭中嶄露頭角。其中最為代表性的人物便是韓景侯。他曾聯合趙國、魏國一同攻打齊國，使得三晉聲威大震。西元前四〇三年，周威烈王正式下詔承認韓、魏、趙為諸侯國。

立國後的韓國發展並不順利，先後經歷了多次戰爭，並無良好戰績。直到西元前三七五年，攻下春秋小霸之一的鄭國，將其版圖納入韓國，才稍見起色。然而，韓國儘管在版圖上有所擴大，但是與其他諸侯國相比，無論從國土面積，還是從國家財力物力，韓國並不算強國。

此時，各國變法風起雲湧，鄰近的魏國和趙國均為強國。以李悝為代表的魏國，變法之後迅速強大起來，並且成為戰國初期的天下霸主。趙國則因為多年來的財力物力積累，其實力不容小覷。三晉比鄰，時有衝突，韓國無疑是三國之中最弱小的國家，如果不改革就臨著被大國吃掉的危險。

其實，韓國在國君韓昭侯即位初期就推行過一系列變法，但是由於變法不徹底，推行的政令和法律前後不一，在政治上造成很大的混亂，使得群臣無所適從。「**晉之故法未息，而韓之新法又生；先君之令未改，而後君之令又下。**」很多官僚和貴族各自為政、欺上瞞下，使得吏治極為腐敗。

西元前三五四年，素來與韓國不合的魏國出兵攻打韓國，並派兵包圍宅陽（今鄭州市北部）。大軍壓境，韓昭侯以及群臣毫無對策。在緊要關頭時，出現一個重要人物——申不害。申不害本是一名被韓國滅亡的鄭國小官，作為亡國之臣，他冒死進諫，「非慮過而議失」且「非好卑而惡尊」，便能「降心以相從，屈己以求存」。他建議韓昭侯向魏惠王示弱，魏王必將變得狂妄自大，而這樣能激起他國的憤怒而同情韓國，基於人道主義，魏國必定理虧而退兵，接著就能夠解除國家的危難。

韓昭侯聽信了申不害的建議，手執玉圭去拜見魏惠王，向魏惠王表示了韓國的敬畏之情。魏惠王十分滿意，隨即下令從宅陽撤兵，並與韓國結為友好國家。由此之後，韓昭侯對申不害這個亡國之臣大為改觀，提升他為重要的謀臣，讓他處理國家政務。

兩年之後，魏國又率兵攻打趙國，並且包圍了趙國國都邯鄲城，趙國形勢極為嚴峻，遂派人向韓國和齊國求救。韓昭侯對趙王的求救猶豫不決，於是詢問申不害應該如何應對。申不害擔心自己的建議可能與韓昭侯有所衝突，不僅不能辦好事還有可能引火焚身，便對韓昭侯說：「**請大王讓我考慮好了再答覆您吧。**」

順利推辭後，申不害又遊說韓昭侯身邊信任的兩名謀臣趙卓和韓晁，讓他們分別去向韓昭侯進言，自己則暗中觀察韓昭侯是否出兵救趙的意圖。隨後，就有了歷史上著名的「圍魏救趙」的故事。

摸清韓昭侯有心救趙的心思後，申不害就向韓昭侯進諫，希望韓昭侯能夠聯合齊國一同討伐魏國，這樣一來魏國必定撤兵回國抵抗。韓昭侯對此計極為讚賞，聯合齊國一起發兵討魏，迫使魏國班師回營自救，從而解了趙國危機。

然而，經歷了一系列興師動眾的戰爭之後，本來就不強盛的韓國變得越來越貧弱，加之沒有統一的法令和零散的規章使得政務上非常混亂。韓昭侯深以為憂，他決定以魏國為榜樣，通過變法來壯大國家力量，並且任用一個推崇法家的人物來主持變法，這個人正是在處理各項危機發揮重要作用的申不害。

《史記・韓世家》中提到：「**申不害相韓，修術行道，國內以治，諸侯不來侵伐。**」意思是說申不害擅長術道，是法家中術派的創始人。西元前三五一年，韓昭侯任命申不害為相，在韓國實行變法。

自古潁川多奇士

潁河上游流域是中華文明的重要發源地之一，在歷史上占據重要的意義。《史記》載：「**中宗孝宣皇帝下神爵四年（西元前五十八年）春，二月，以鳳皇、甘露降集京師，赦天下。潁川太守黃霸在郡前後八年，政事越治；是時鳳皇、神爵數集郡國，潁川尤多。**」傳說中的稀世寶物「鳳皇」、「神爵」，在潁川大量出現，可見潁川這片沃土上確有奇妙之處。

不僅如此，潁川有深厚的文化底蘊，潁川郡也是中華民族的發祥地，黃帝生於此，夏禹建都於潁川。也因此成為中國眾多姓氏的發祥地。歷史上潁川人才輩出，數不勝數，而此次變法的主人公申不害也生長於此。

申不害沿襲道家學派的思想，並融於法家學說，他主張以法治國，實行進一步改革，並汲取道家「君人南面之術」加以改造，提出了一整套「修術行道」，「內修政教」的「術」治方略。主要強調君主的統治之「術」，即任用、監督、考核臣下的方法。他認為君主委任官吏，要考察他們是否名副其實，工作是否稱職，言行是否一致，對君主是否忠誠，再根據了解到的情況進行提拔和清除。

「**人法地，地法天，天法道，道法自然**」。申不害認為，自然運行是有規律的，也是不可抗拒的。他認為宇宙間的本質是「靜」，其運動規律是「常」。他要求對待一切事情應以「靜」為原則，以「因」為方法，「因」指「因循」，「隨順」。「貴因」指

「隨事而定之」，「貴靜」的表現就是「無為」。

申不害的哲學思想遵循老子的大統一哲學，又把這些原則用於人事，構成他的社會哲學思想。「無為」主張的淵源即《老子》的「絕聖棄智」，申不害的「無為」，要求的是君主去除個人作為的「無為」，以便聽取臣下的意見。但是，申不害僅僅把這種「靜因無為」的哲學思想用於「權術」之中。

為了完善這種方法，他進一步發揮《老子》「柔弱勝剛強」的思想，要求君主「示弱」，絕不是指君主無所作為，只是君主決策前的一種姿態。在關鍵時刻，申子要求君主獨攬一切，決斷一切。申不害的哲學思想，是君主哲學，是政治哲學。這種哲學由道家的「天道無為」演化發展來，是他的法家「權術」思想的基礎。

申不害主「術」，但他所說的「術」，是在執行法的前提下使用的，而「法」又是用來鞏固君主統治權的。因此他並不是不講「法」與「勢」的。關於君主的權勢，申不害認識的很清楚。在戰國諸侯爭霸的情形下，君主專制是最能集中全國力量的政權形式，也是爭霸和自衛的最佳組織形式。他說：「**君之所以尊者，令也，令之不行，是無君也，故明君慎之。**」令是權力的表現，是一種由上而下的「勢」能，「權勢」是君主的本錢。

「**君必有明法正義，若懸權衡以秤輕重。**」為了說明「法」，申不害提出「正名責實」的理論。提到「正名」的主張，首先由孔子提出。申不害吸收了這個主張，是名分等級，不得錯亂。與孔子「正名」不同之處在於包括責任、分工的內涵。

實際上，申不害「正名」的意義在於確定了「主處其大，臣處其細」的大原則，而且把這個原則具體化，即把名分按實際情況規定下來，然後進行任命，聽取意見，檢查監督。

因此，申不害的「名」主要是政治概念，是為人君制定的工具，也就是君主給臣下規定的責任和職權，是臣下遵從君主的規範。申不害本來是勸戒君主發號施令要慎之又慎的，但其效果是加強了君主的個人專制。申不害找不到如何提高君主權威，而又能制約君主的方法，這是一個二律背反的問題。在申不害看來，君主有了勢，定了法，其地位還不是穩固的，必須有兩面之術，不然勢與法就會變得威嚴而不受用，刻板而不通達。如果以術來聯通勢與法，就如虎添翼，無論動靜，都會使臣下懾服。

他的術分兩類，一類是控制術，也就「正名責實」，就是講規定職責，考校監督的；還有如君主以靜治動的，無為而治的，這些屬於領導管理方法，有一定的合理性。另一類是搞陰謀，耍手腕，弄權術。

說道玩弄權術，並非由申不害最先開始，但他是第一個在理論上的系統研究者，這在官場的政治鬥爭中，很受歷代統治者的喜愛。申不害還特別指出君主要暗中用「術」，不讓臣子知道，這實際上成了一種權術。這種權術保證了君主的權威，不至於旁落。

但是，過分強調「術」，沒有相應法治制約，臣下也可以運用權術來應付君主，所以，申不害教韓昭侯用術的結果，使部分大臣也變得老奸巨猾起來。從本質上說，這無補於穩固政權。因為既有馭臣之術，必有欺君之方，爾虞我詐，你爭我鬥，加劇了政權的不穩定性。

君王南面：中國的「君王論」

申不害在韓國推動的變法改革，第一步就是整頓吏治，加強君主集權統治。在韓昭侯的支持下，首先向挾封地自重的俠氏、公釐和段氏三大強族開刀。果斷收回其特權，摧毀其城，清理其府庫財富充盈國庫，這不但穩固了韓國的政治局面，而且使韓國實力大增。

與此同時，大行「術」治，整頓官吏隊伍，對官吏加強考核和監督，「**見功而與賞，因能而授官**」（《韓非子．外儲說左上》），有效提高了國家政權的行政效率，使韓國顯現出一派生機勃勃的局面。

正所謂：「**術不同於法，法的物件是全體臣民，術的物件是官吏臣屬；法要君臣共守，術由國君獨操；法要公開，術則藏於胸中；法是一種明確的規定，術則存於心中，翻手為雲，覆手為雨。**」其核心包括兩個方面：一是任免、監督、考核臣下之術，史稱「陽術」，這就是《韓非子．定法》篇所說的：「**因任而授官，循名而責實，操殺生之**

柄，課群臣之能。」二是駕馭臣下、防範百官之術，人稱「陰術」。

「操殺生之柄」，要求君主掌握生殺大權，強調君主在國家政權中的獨裁地位，要求臣下絕對服從君主，即「尊君卑臣」。君主要獨斷，要把生殺大權牢牢掌握在自己手中，絕不能大權旁落。而具體工作則可以交給臣下，國君不必事必躬親。並且要求文武百官嚴格按照法度執行，不可逾越。

申不害認為，國君治國時首先要「明法察令」。他對韓昭侯說：「**堯之治也，善明法察令而已。聖君任法而不任智，任數而不任說。黃帝之治天下，置法而不變，使民安樂其法也。**」智，是指以個人的政治素養、品德施政。數，是指法度和法律。

此外，他曾提到，人君「失之數而求之信，則疑矣。」如果國家失去了統一的法度和法令，卻又要求百姓擁有統一的政治素養和相同的品德觀念，必定讓人產生疑惑。

因此，君主只有用統一的法律才能統一群臣的行為，只有用法的標準來衡量群臣的行為，國家才能夠得到治理，官吏的行為才有一個正確的檢驗標準，封建統治秩序才能鞏固。

有一次，韓昭侯因飲酒過量，不知不覺便醉臥在床上，酣睡半晌都不曾清醒。他手下的官吏典冠擔心君王著涼，便找掌管衣物的典衣要了一件衣服，蓋在韓昭侯身上。幾個時辰過去了，韓昭侯終於睡醒了後，發現不知是誰給他蓋了一件衣服，他覺得很暖和，打算表揚一下給他蓋衣服的人。於是他問身邊的侍從說：「**是誰替我蓋的衣服？**」

侍從回答說：「是典冠。」

韓昭侯一聽，臉立即沉了下來。他把典冠找來，問道：「是你給我蓋的衣服嗎？」

典冠說：「是的。」

韓昭侯又問：「衣服是從哪兒拿來的？」

典冠回答說：「從典衣那裡取來的。」

韓昭侯又派人把典衣找來，問道：「衣服是你給他的嗎？」

典衣回答說：「是的。」

韓昭侯嚴厲的批評典衣和典冠道：「你們兩人今天都犯了大錯，知道嗎？」

典冠、典衣兩個人面面相覷，還沒完全明白是怎麼回事。

韓昭侯指著他們說：「典冠你不是寡人身邊的侍從，你為何擅自離開崗位，做自己職權範圍以外的事呢？而典衣你作為掌管衣物的官員，怎麼能隨便利用職權將衣服給別人呢？你這種行為是明顯的失職。今天，你們一個越權，一個失職，如果大家都像你們這樣隨心所欲，各行其是，整個朝廷不是亂了套嗎？因此，必須重罰你們，讓你們接受教訓，也好讓大家都引以為戒。」於是，韓昭侯把典冠典衣二人一起降了職。

韓昭侯的做法有點類似殺雞儆猴，也正是申不害所推崇玩弄權術的一部分。在今天看來，或許他的做法有些過分，但他嚴明職責、嚴格執法、不以情侵法的精神，還是值得肯定的，也有一定的積極意義。

最早的公務員考試

在《戰國策・韓策》中還記述了這樣一件事：申不害私下請求韓昭侯給自己的堂兄封一個官職，韓昭侯不同意，申不害面露怨色。

韓昭侯說：「**這可是從你那裡學到的治國之策啊！你常教寡人要按功勞大小授以官職等級，如今又請求為沒有建立功業的兄弟封官，我是答應你的請求而拋棄你的學說呢？還是推行你的主張而拒絕你的請求呢？你不是曾經教導我修治功勞記錄，必須審視功勞大小來任用人，而今你卻在法外另有私求，那我聽哪個話才對呢？**」

申不害慌忙的請罪：「**君王真是賢明君主，這件事情我做錯了，請您懲罰我吧！**」

對申不害「請仕其從兄官」這件事，史家歷來多有微詞，有說其虛偽投機的；亦有說其推行「法治」不堅決的，但從申不害重「術」和當時複雜的社會背景來考察，倒不如說這是他對韓昭侯的一次試探，正是韓昭侯對「徇私謀官」的嚴正態度，使申不害看到韓昭侯真是一位有作為的賢明君主，從而堅定了助其變法革新的決心。

在官員的任免上，申不害還反對立法行私。「**天道無私，是以恒正；天道常正，是以清明。**」認為國君既要掌握駕馭群臣的「術」，又要做到正直無私，這樣臣下才能忠於職守。

據《韓非子・外儲說左上》記載，申不害曾對韓昭侯說：「**法者，見功而行賞，因能而受官。今君設法度而左右之請，此所以難行也。**」因此，他主張任命官吏必須名實相副，即根據官吏的職務要求，看一個人有沒有能力勝任，然後才能授官。而不是根據出身血統、也不是根據與君主個人關係的遠近授官。

此外，申不害還要求掌經濟要會管經濟，掌司法的要管好司法，掌軍事的要會用兵打仗，管行政的則要懂行政、用人，任何人都不能濫竽充數。這是完全否定了歷代以來的世卿世祿制。

那麼如何來考察官員是否名副其實，是否有能力勝任職位呢？這即是君王最需要培養的「術」。申不害變法中的其中一項叫做「課群臣之能」，即是對君王的基本要求。

「課群臣之能」指的是君王對群臣進行監督、考查、防範。國君任命了臣下，理所當然應該要求臣下忠於職守、嚴格遵守法令，並要防止臣下篡權奪位。因此臣下是否真正勝任所擔負的任務？工作業績如何？其屬下臣民有何反映？有沒有違法亂紀、以權謀私的現象？有沒有人要搞陰謀詭計？所有這些都必須進行考查。這是保證行政工作效率和國治民安的重要手段，也就是申不害所說的「陽術」。

從申不害「走後門」這件事就可以看出，韓昭侯是將「術」運用的得心應手的君王。由他引申出來的「官本位制」逐漸發展起來。所謂「官本位制」，簡單的說，就是以官為本，一切為了做官。

在歷代王朝中，君主獨裁制度的核心是人身控制，而其實現的基礎和保障就是權力，權力的內涵不僅僅是支配人，而且也包括由其轉化的不可計數的直接的經濟利益。

專制制度全仗各級官吏來維繫，掌握權力的官吏就成了特殊人物，官大者威風赫赫，權傾一方，官小者也是養尊處優好處無數，官之身價與神祕，就在於他們手中的權力以及由此而獲得的各種特權與實利。

官位成了最有價值的無形資產，權力成了財富的代名詞。權力是比貨幣更具流動性，更方便的財富，或者說，中國社會的特徵是政權支配金權，「孔方兄」只配做「印把子」的僕從。中國特殊的社會形態導致投機政治比直接從事經濟活動，能更好更快的聚斂財富。

韓昭侯作為一國之君，只有「陽術」還不夠，還必須有「陰術」。因為當國君是天下之大利，人人都想取而代之。申不害在韓國實行以「術」為主的法制，經過十多年改革，加強了君主集權，使韓國「國治兵強」，政治局面比較穩定，國力也有所增強。

但實行這種政策也產生了另一個後果，即「**一言正而天下定，一言倚而天下靡。**」術，取決於君主本人的才能，君主本人比較正確，有能力，國家就比較興旺；相反，國家就會陷入混亂，老百姓就會遭殃。正因為申不害與韓昭侯用「術」有餘，定法不足，「不擅其法，不一其憲令」，因此並沒有從根本上解決韓國的問題。韓昭侯一死，韓國很快又衰落了。

所謂「天子輪流做，今日到我家。」這是從古至今的一句口頭禪，君主要集權，某些權臣、重臣也會想攬權、篡權。因此，在新興地主階級奪取政權之後，防止某些權臣專權、攬權，甚至進行篡權活動就成為當時的一個重要社會問題。這就要求國君善於控制臣下，及時發現臣下的毛病和陰謀。為此，君主就需要設一些耳目，及時了解、掌握臣下的情況，後來就發展到搞特務活動。

然而，申不害重「術」的法制思想卻為歷代封建帝王加強君主集權提供了理論和經驗，也為一些人搞陰謀詭計開了先河。

民以食為天：開荒種糧而國富兵強

戰國時期的農業生產發展十分迅速，生產水準有了根本性的提高。申不害為富國強兵，還十分重視土地問題。

韓昭侯時期的韓國，鐵製農具已廣泛應用於農業生產，鐵耕已是很平常的事情。考古工作者已經發現的鐵製農具主要有：鐵鏵、钁、鋤、鐮等。鐵農具的推廣和使用，有利於大量荒地的開墾和耕作效率的提高。鐵農具和畜力的結合，為深耕細作提供了條件。因此，《韓非子・外儲說上》中記載：「**耕者且深，耨者熟耘也**。」如果沒有畜力和鐵農具，深耕細作是不可能的。

此外，透過施肥改良土壤，也是提高農業產量的重要因素。長期的耕作實踐中，農民的生產經驗更加豐富，他們已經能從土壤的色澤，性質和肥沃程度去認識和區別土壤，因地制宜地進行耕作。農民還非常重視對土地的施肥，「**掩地表畝，刺草殖穀，多**

糞肥田，是農夫眾庶之事也。」

隨著農具的改進和耕作技術的進步，糧食的單位面積產量大大提高，有的地方還推廣了一歲兩熟制，《荀子富國》說：「**今是土之生五穀也，人善治之，則畝數盆，一歲而再獲之。**」同時，申不害還重視和鼓勵發展手工業，韓國商業也很發達，韓國境內的商人十分活躍，貨幣流通越來越廣泛，城市逐漸繁榮起來。

當時金屬貨幣有銅幣和金幣兩大類，銅幣主要有四種：燕、齊兩國使用刀錢（幣），周、秦一帶使用圓錢，三晉使用布錢（幣），楚國使用「蟻鼻錢」，金幣一般以斤（十六兩），鎰（二十兩）為計量單位，還有「餅金」和「郢爰」，餅金為餅狀金塊，郢爰為方形金塊。金屬貨幣進入商品流通領域，並且成為日常生活的必需品，這也是戰國時期商品經濟發展的重要表現。

韓國商人們販運於列國之間，擴大了商品交換的範圍，各地的特產如北方的馬匹、南方的魚、東方的鹽、西方的皮革在中原市場上都能買到。大商人更加活躍，如大商人白圭，《史記貨殖列傳》中記載他用「人棄我取，人取我與」的方法，大搞投機交易，賺取了大量財富。河東鹽商猗頓和邯鄲冶鐵商郭縱，富甲天下，交結諸侯，干預政治。

商業發展的重要表現還在於城市的繁榮，韓國的陽宅成為工商業發達的代表城市之一。陽宅的大賈呂不韋，透過販賤賣貴，家至千金，參與政治，官至秦國丞相。

變法後的韓國不僅經濟實力大增，在軍隊方面也有所建樹。戰國時期，韓國冶鑄業是比較發達的，特別是兵器製造受各國推崇。當時就有「天下之寶劍韓為眾」、「天下強弓勁弩，皆自韓出」的說法。不僅如此，申不害還向韓昭侯建議整肅軍兵，並主動請命，自任韓國上將軍，將貴族私家親兵收編為國家軍隊，與原有國兵混編，進行嚴格的軍事訓練，使韓國的戰鬥力大為提高。

申不害相韓十五年，「內修政教，外應諸侯」，幫助韓昭侯推行「法」治、「術」治，使韓國君主專制得到加強，國內政局得到穩定，貴族特權受到限制，百姓生活漸趨富裕，史稱「**終申子之身，國治兵彊，無侵韓者。**」

韓國雖然處於強國的包圍之中，卻能相安無事，成為與齊、楚、燕、趙、魏、秦並列的戰國七雄之一，申不害功不可沒！

第五章　商鞅變法：創建高執行力的鐵血組織

歷史的轉捩點：秦孝公趁勢而變

據《史記》記載，秦國的先祖是帝顓頊的苗裔，名大費，曾經幫助大禹治水，又幫助舜帝調訓鳥獸，舜帝為表彰他的功績，賜姓嬴氏，只是此時的秦國還空有姓氏並無封地。到了西元前九世紀，天下已經為周王室所得，嬴氏的子孫也已經改姓趙氏，秦的先祖情況窘迫，直到一個名叫非子的人出現。

非子善於養馬，為此得到了周孝王的賞識，孝王下詔曰：「**昔伯翳為舜主畜，畜多息，故有土，賜姓嬴。今其後世亦為朕息馬，朕起分土為附庸。**」至此，嬴氏不但恢復了從前的姓氏，還得到了一小塊土地作為周王室的附庸，因為封邑在秦地，世人稱他們為秦嬴。秦這個封地實在是不怎麼好，地處於偏僻的甘肅一帶，土地荒蕪人跡罕至，還緊鄰著當時威脅中原安寧的西戎。

秦人抱著樂觀向上的態度，在這片土地上繁衍生息，時不時還會跟西戎通婚以換取安定。這樣過了一百多年，秦的君主不斷更替，到了秦襄公這一世。此時在位的正是烽火戲諸侯的周幽王，因為寵愛妃子褒姒，逼得申侯引來了西戎的軍隊攻打周朝。

就在其他諸侯袖手旁觀之時，秦襄公出兵救周，為王室立下汗馬功勞。後來周王室東遷，秦襄公還出兵護送周平王，平王感激不已，遂把秦從附庸提升到了諸侯的地位，還把岐地以西的土地都劃歸了秦國。

直到這個時候，秦國終於擁有了和其他諸侯國平等的地位。可由於地理位置的制約，秦國和中原各國的來往很少，又靠近西戎，並沒有受到先進文化的浸潤，民風處於半原始狀態。和楚國一樣，即便疆域廣大、即便秦穆公一度成為了春秋霸主，秦國還是被其他諸侯打心眼裡瞧不起。春秋時經常有諸侯會盟，但在會盟中，霸主常常忽略了秦國，未曾邀請秦國參與。

秦穆公之後秦國就很少能在對外戰爭中取得大的勝利了，直到秦獻公二十一年，秦國和晉國在石門大戰，秦國斬首六萬，一鳴驚人，連周天子都特意為此發來賀訊。二十三年，秦國又和魏晉的聯軍在少梁大戰，不僅獲勝還俘虜了對方的將軍公叔痤。秦國上下一片欣喜，都認為秦國再一次稱霸諸侯的時機到來了。高興的太早果然不好，第二年秦獻公意外病逝，他年僅二十一歲的兒子即位，是為秦孝公。

如果按照周朝的禮法，秦孝公才是個剛剛及冠的青年，躊躇滿志的想要幹一番大事業。秦國剛剛打完的兩場勝仗掩蓋不了國內面臨的困境，落後就要挨打。如今戰國諸侯間興起變法之風，秦孝公也摩拳擦掌躍躍欲試。

變法首先要有人才，所以即位之後不久，秦孝公就向天下發出了〈求賢令〉。這求賢令寫的情真意切痛心疾首，還承諾英雄不問出處，只要有變法之能，不管是哪國人都能在秦國謀得官職，幹的好還能有封地。

戰國時期知識分子的百家爭鳴已經遠不如春秋時熱烈，那些令人高山仰止的大思想家，如孔子、老子、莊子都已仙去多年，時人看重的也不是修身養性，而是如何幫助國君治理天下之後功成名就盡享榮華。

秦國正是一個理想的發跡之地，於是，懷揣著成功夢想的衛國青年公孫鞅來到了秦國的都城櫟陽。現在的人更願意把他稱為商鞅，但在那時，他還只是個默默無聞的流浪漢，因為具有衛國國君的遠支血統，被時人稱為衛鞅。

衛鞅到達秦國的時間是西元前三六二年，距他的同鄉吳起在楚國變法已經過去了三十年。說到這不得不提一句，衛國這個不起眼的小國倒是培養了不少變法的人才。衛鞅和吳起的共同點不僅是他們的國籍，在變法的措施和個人命運上都有很多相似之處。

衛鞅在來到秦國之前是在魏國謀生的，與吳起的經歷不謀而合。吳起在魏國參與了李悝的變法，衛鞅最高的成就就是在魏相公叔痤家裡當賓客。公叔痤已經年邁體弱，但對衛鞅的才能十分推崇，趁著魏惠王來探病的機會向魏惠王舉薦他。魏惠王看衛鞅年紀輕輕，怎麼也不像公叔痤說的那麼厲害的樣子，笑了笑沒有理會。

公叔痤見惠王不感興趣，就建言說，這個年輕人絕對是個人才，大王如果不用他，那就殺了他吧，免得以後他為別國效力。惠王沒再多說什麼，隨口答應了下來，帶著人回宮了。惠王走後，公叔痤大概是想到了公孫鞅跟自己交情還算不錯，不忍心眼睜睜看著他被殺，就把事情告訴了他，讓公孫鞅趕快離開魏國。

公孫鞅聽後淡淡一笑，既然你舉薦我的話國君不聽，他又怎麼會聽你的話殺了我呢？果不其然，惠王離開公叔痤家後就對左右說，這老傢伙真是病糊塗了，竟然讓我重用公孫鞅。

不久之後，公叔痤在與秦國的戰爭中被生擒，公孫鞅眼看自己在魏國失去了落腳之地，又得不到國君的信任，十分沮喪。正在這時，秦孝公的求賢令傳到了魏國，公孫鞅毅然決定放手一搏，翻山越嶺去了秦國。面對著與中原大不相同的壯麗景致，公孫鞅相信自己會在這片土地上大展宏圖，混出個名堂來。

政府的信用籌碼：徙木者為誰？

衛鞅到秦國找工作的過程並不是一帆風順的。秦孝公畢竟是一國之君，再怎麼求賢若渴也不可能做到隨便來個人就要接見的地步。衛鞅到櫟陽觀察了一段時間，得出了一個結論，要見秦國國君，必須想點其他的辦法了。於是他找到了秦孝公身邊的紅人景監，關於這個人，我們已經無法確知他到底是什麼身分，只知道衛鞅確實透過他見到了秦孝公。

最初的會面，衛鞅並沒有得到秦孝公的信任，甚至於在他滔滔不絕闡述自己政治主張的時候秦孝公還打起了瞌睡。衛鞅走後，秦孝公向景監發起了脾氣，說引薦的客人只會空口說白話，不足為用。景監把秦孝公的意思轉告了衛鞅，衛鞅才明白國君是對自己所說的帝王之業不感興趣。

之後衛鞅又三次覲見秦孝公，分別闡述了王業、霸業，秦孝公對衛鞅的看法雖然有所改觀，但還是沒有啟用他進行變法的意思。直到最後一次，衛鞅給秦孝公講述了強國之術，秦孝公興奮異常，豎起耳朵一直聽到衛鞅說完。

衛鞅有學問、有能力、有口才，最重要的是他聰明，能夠根據國君的態度推斷上司想聽什麼。秦孝公是個年輕人，免不了急功近利缺乏耐心。讓他花上三代的時間以德服天下，成就帝王之業，最後自己甚至看不到這個成功，對秦孝公來說根本就是天方夜譚。秦孝公求賢令求的是人才，是讓秦國富強的辦法，以在短時間內稱霸天下，讓諸侯不敢再小覷。而比德於殷周，這是秦孝公不願想也沒時間想的事情。

衛鞅一次次的改變自己的主張，希望能得到秦孝公的重用。他並沒有什麼偉大的理想，也不是致力於提高秦國人民的生活水準，只是希望在其位謀其政，充分展現自己才華的同時能享受鮮衣怒馬和豔羨的目光。

秦孝公是個識人之君，如此頭腦靈活的改革家不容錯過，衛鞅就此留在秦國任職。

哪個國家的變法能順利的推行，哪個改革家不會面臨重重阻礙？為了給隨後而來的變法製造輿論，衛鞅跟秦國的大臣進行了幾場辯論，總算說服秦孝公，任他為左庶長，負責制定變法的具體條款。

戰國時期改革家輩出，但沒有哪個有衛鞅這樣的魄力進行如此大刀闊斧的改革。縱觀秦國變法的內容和體現出來的思想，現代人也要自愧不如。衛鞅的終極目標是透過變法，把秦國建立成一個有著高執行力的鐵血組織，要求國民中只有兩種人，戰士或者農民。這兩種身分在必要的時候可以立即相互轉換，而且民眾不能對國家由任何的非議。

變法之令制定好了，秦孝公和衛鞅遲遲沒有對外公布。秦國人長期生活在關外，經濟落後文化也不發達，國人生活鬆散自由，政府公信力不強。他們擔心法令頒發下去後，得不到人民的信服和有效的執行。此時衛鞅想出了一個辦法，徙木立信。這並不是他的首創，不過他把這個樹立政府形象的秀做的出人意料成功。

在一個平常的日子裡，秦都櫟陽的人們如平常一樣起床耕作經營，不同的是，在櫟陽的南門人來人往的集市上，立著一根三丈長的木棍。這木棍是國君命人立在這裡的，還在旁邊貼了告示，誰能把這根木棍從南門搬到北門，賞十金。十金啊，普通百姓人家哪裡見過這麼多錢。櫟陽說是國都，也就是今天一個鄉鎮的大小，從南門到北門，最多也就兩三公里。圍觀的人群越聚越多，可沒有一個人出來搬，誰知道這裡面是不是有什麼陷阱呢？過了一會兒，政府又換了一張告示，還是從南門搬到北門，賞五十金。

這下人群可炸開了鍋，紛紛議論著國君葫蘆裡到底賣得什麼藥。有人一咬牙，管他是不是陷阱，五十金呢，試試再說。南門到北門，一會就走到，扛木頭的人輕輕放下木棍，一旁跟著的官員竟然真的給了他五十金。

兩千多年過去了，徙木者是誰史書上無從查找，他最後是不是用這五十金過上了好日子我們也無法考證。秦孝公和衛鞅作為這件事的始作俑者，用一種近乎遊戲的方式開始了他們的改革大業。也許透過這件事，秦國國君在民眾心中的形象得以改觀，畢竟搬根木頭就能拿錢的事情竟然成真了。

不知道以衛鞅的眼光來看，徙木立信是不是達到了預期的效果。政府只是透過這一舉動，告訴天下百姓，國家這次是要玩真的，誰也別不把政府的禁令當回事。這件事結束之後，變法之令得以公告天下。

徙木立信這件事不過是變法的前奏，是衛鞅所使用的最溫柔最文明的手段。也許這一件事無法讓秦人徹底明白國家變法的決心，但在之後推行的一些列嚴苛的律法之中，秦人徹底見識了這個外來年輕人的鐵石心腸。秦國從此走上了富強之路，而秦人的苦難才剛剛開始。

阡陌一開，土地私有變成真

井田制起源於商朝，盛行於西周時期，是貫穿於整個社會的土地國有制度。國家透過道路和管道縱橫交錯形成的區域，把土地分成很多個小方塊，形狀很像「井」字，所以稱為井田制。

在中國古代以農耕為主的社會裡，土地制度是國家的根本，這種土地制度規定土地歸國家也就是王室所有，分封給領主，在土地上耕作的都是庶民和奴隸。井田的中間是公田，周邊是私田，領主每年要上繳一定的貢賦。表面上看，領主擁有對土地的使用權，但因為律法規定土地不許買賣和轉讓，井田制還是一種土地國有制。

進入春秋時期以後，隨著鐵製農具和耕牛的使用和普及，諸侯國經濟快速發展起來，尤以函谷關以東的各國為甚。這個時候若還實行井田制，就會制約國家的發展，諸侯國紛紛推出新的土地制度，以適應社會的轉向。

秦國地處函谷關外，在商鞅進行變法的時候還在實行井田制，比起其他六國已經落後的不是一星半點了。於是，廢井田，開阡陌勢在必行。井田制下，各家的房舍都建立在自己的一小片土地上，自給自足，鄰里之間老死不相往來也是常事。這種制度也造成了很大的土地浪費，每塊土地之間的分隔處、農戶建房子的地方、為了曬穀子而修建的廣場，這些地方本身都是可以耕種的肥沃土地，但因為死板的井田制破壞了土地的整體性，使得這些地方都不能用作種植農作物。

商鞅開阡陌的措施無形中也增加了可使用的耕地的面積。所謂開阡陌即是把每塊田地之間的小路、車道紛紛取消，劃歸到農田範圍裡。再把分散住在田野裡的農人遷出，讓他們在一片區域裡集中居住，以形成村落。很多公共設施都可以全村人共用，這樣就又可以省出很多土地來增加耕地的面積。

這一制度在秦國經濟改革上是非常重要的，《史記》中記載，商鞅「**為田，開阡陌封疆，而賦稅平**」。不僅耕地間的界限被廢除，領主封地的疆域也被取消。法令宣布人們可以去無人居住的土地上開荒，開墾來的土地不論肥沃與否或面積多寡，都歸開墾人所有，國家不再掌控這些土地。並且有錢的人可以去購買窮人的土地，國家不再干預土地的買賣，每人只要按自己所占土地多少來上交稅賦即可。

廢井田為秦國的發展奠定了經濟基礎，標誌著落後的秦國正在改變，曾經被社會發展大潮流遺忘的秦國也走上了正軌，經濟開始轉型。國家允許開荒和土地買賣，無形中刺激了廣大勞動者的積極性。畢竟在之前的井田制下，土地都是領主的，收上來的糧食大部分也要交給領主。

其次，在以前，人民在井田制下都是被動的耕作，勞動效率低下，導致整個國家的生產力不夠。如今土地開始私有化，只要你夠勤勞，就能擁有自己的土地，種了多少糧食出去上交相應的稅負，其餘都是自己的。這一變革有點像台灣實行耕者有其田之後的效果。

商鞅認為農業是國家的根本，強國之術的核心要點在於重視農業。為了勸課農桑，商鞅還提出生產糧食和織布多的家庭可以免除傜役和稅賦。徙木立信的效果開始顯現，秦人相信國家說到做到，言出必行，所以紛紛開始努力從事農業活動。

商鞅變法在秦孝公的支援下，分成兩次進行，可以說是戰國歷史乃至中國歷史上最為成功的變法。變法的深度和廣度都超過了同時期的其他國家，正因如此，才真正達到了富國強兵的目的。鼓勵農耕的措施使秦國的經濟得到了迅速的發展，很快生產水準就有超過其他諸侯國的趨勢。

然而秦孝公和商鞅本質上都是實際的機會主義者，他們要的並不是人民的富足，而是國家的富強。所以國家開始制定稅收政策，以求窮民而富國。之後實施的一切措施足以證明這一點，秦國建立了世界上第一個身分認證系統，以確保農民不能偷逃稅賦；頒布法令把湖泊和山林收歸國有，將那些靠打獵和捕魚為生的「不務正業」之人也納入了國家有效管理的範圍。不事生產專門從事商業的商人更成了頭號打擊對象。據統計當時秦國人一年要負擔的稅賦換算下來，大概相當於一年收入的五分之四。

為了稅收的準確，商鞅特意制定了秦國的標準度量衡。從出土的商鞅墓上的銘文上可以看出，統一度量衡在當時的意義非常重大，要求全國人民嚴格使用統一的度量衡，不得違規。這樣確實為秦國各地區的經濟文化交流提供了更加便利的條件，也是多年後秦始皇平定六國之後統一全國度量衡的一次熱身。

除此之外，與經濟改革並重的是政治制度改革，針對普通百姓的變革取得了成功，改革的觸角又伸到了貴族之家裡，廢除分封制度勢在必行。

「廢分封」：地方與中央的權力較量

戰國時期各諸侯國的情況基本相似，軍政大權掌控在世襲的貴族手中，有時甚至威脅到國君的地位。秦國同樣面臨這樣的問題。從周朝沿襲下來的分封制把國家分成了很多塊，如果不加節制的任其繼續發展，恐怕國君成為有名無實的擺設也不是不可能，周天子就是擺在眼前的例子。

在徹底改變了普通庶民的生活方式之後，商鞅在秦孝公的支持下，開始挑戰秦國世襲貴族的權威。要破除舊貴族的特權，最好的方法是建立新貴族。

商鞅下令，獎勵軍功，只給有軍功的人授予爵位和俸祿，那些沒有任何作為的貴族子弟，只能自尋出路，國家不再出錢給他們養老送終。且規定「**有功者顯榮，無功者雖富無所榮華**」，這是要在國民中形成正確的價值觀。透過自己的努力立下戰功的人才能得到榮耀，是人們敬佩的榜樣，而那些沒有功勞的，家裡再有錢也只是個暴發戶，會遭到秦國從上到下的鄙視。

這種做法意味著秦國的爵位世襲制被徹底的廢除了，同時也改變了官員選拔制度，各級官吏都要從有軍功的人中選取。據《漢書》中記載，商鞅詳細制定了獎懲措施。在戰爭中斬敵首一個，就可以獲得一級爵位，獎勵五十石之官；斬首兩個，獲得二級爵位，獎勵一百石之官。當了官不僅僅有年俸，還能得到相應的官邸、服飾、僕婢等等，等級森嚴。

為了讓人們都幹正事，法律明文規定禁止「私鬥」。這個私鬥可不是現在認為的一大幫人約個時間地點打群架，而是指「邑鬥」。那時每個城鎮都有不同的領主，領主互相要爭奪土地和人口，就經常發生戰爭。

允許這種邑鬥發生，等於是把國君置於了一種尷尬的境地，所以必須下令禁止，以削弱領主的勢力，為加強中央集權做準備。商鞅變法中的嚴刑峻法是出了名的，任何人如敢違反，都會被依法處理，手段大都殘忍可怕。

進行變法的時候，一旦損害到勢力強大的貴族勢力的利益，如果沒有堅實的後盾和凌厲的手段，基本上都會以失敗告終。商鞅恰恰是這兩點都具備的，所以他成功了。貴族也不是那麼軟弱可欺的，他們要開始反擊，要破壞商鞅的變法。商鞅早有防備，在眾人都還沒來得及反應時，就挑了兩個最有影響力的出頭鳥，殺雞儆猴。這兩個人，是太子的師傅公子虔和公孫賈。

據史書上記載，在商鞅新法施行的時候，太子犯了法。究竟犯了什麼法並無詳細記載。王子犯法與庶民同罪，秦孝公再怎麼捨不得，也不能公然袒護太子。但是據考證，太子犯法的時候年紀不大，也就是個十歲左右的孩子。於是商鞅提出，太子犯法是被兩個老師教唆的，所以真正應該懲罰的，是太子的兩個師傅。事情到了這個地步，不管這兩個老師是罪有應得還是代人受過都不重要了，他們已經被推到了歷史的浪頭上，必須成為變法的犧牲品，被施以具有侮辱性的肉刑——削去鼻子和在臉上刺字。

暫時沒有人敢跟商鞅的新法作對了，商鞅開始大刀闊斧實行他制定好的政策。改革秦國政治制度的根本手段，廢除分封制開始了。秦國即將實行的行政區劃形式成為縣制，可以算是後來秦始皇郡縣制的前身。具體內容為「集小都鄉邑聚為縣」，把原來分封給領主的封邑收回重新劃分成縣，在每個縣裡設置縣令作為行政長官，設縣丞輔佐縣令的工作，縣尉掌管軍事。

就這樣，領主對領地的控制權被徹底剝奪，管理地方的權力被收回了中央政府。儘管地方領主想要做各種努力來抗衡中央政府的權利，但之前做的種種準備已經讓他們無力回天。豪門貴族們在地方的權力被有效剝奪，整個秦國的治理權和控制權都歸到了身在國都的秦孝公手裡。

隨著秦國的對外擴張，新的領土越來越多。商鞅下令在這些新增的地區設立郡，郡基本處在國家的邊境，範圍比縣要大很多，設有駐軍，類似於邊防軍事區，因而長官成為郡守，負責守衛國都的安全。

後來秦國漸漸強大，其他國家不敢再輕易犯邊，郡的軍事作用就漸漸減弱，轉向與縣一樣的民政管理。因為地區較大不好管理，就在郡下又分成若干縣，分別設縣令。這就形成了秦國的郡縣二級制，這種制度在秦統一六國後又推行到整個中國，甚至影響了今天的行政區劃。

愚民以專政！

對比商鞅變法的措施和秦始皇統一六國後採取的了一系列治國之策，可以看出秦始皇有很多地方都借鑑了商鞅的思想，比如說令中國文人恨得牙癢癢的焚書坑儒，就直接繼承自商鞅的「燔詩書而明法令」。

秦國的執政者都奉行一條金科玉律，即要想國家強大，江山長治久安，就不能讓自己的子民太有文化。人一旦有了文化，就會整天不事生產，胡思亂想耍嘴皮子。人人都如此，這世界上就沒人去種田，沒人交稅賦，那樣大家吃什麼呢？所以商鞅對百姓執行軍事化管理，愚民、弱民、以高壓手段管理人民。

愚民的第一條是禁止民眾讀書。這與春秋時期管仲的想法可謂大相徑庭，管仲主張倉廩實而知禮節，衣食足而知榮辱。到了秦國，作為農民，你只要種好糧食就行了，別的一概不許參與。

在商鞅眼中，儒家那些禮樂、仁義禮智信等等君子的品行是有害的，國家要想安定迅速的發展，就不能允許這些思想存在。人民只要當個有血有肉，快樂的勞動機器，按時生產出足夠的糧食就行了，他們的喜怒哀樂和精神文明建設是無關緊要的。

為了達到他要求的理想社會，商鞅下令沒收全國上下所有帶字的竹簡、木牘、布帛，把這些炎黃子孫智慧的結晶付之一炬。這一次焚書雖只在秦國境內施行，但也給中國文化典籍帶來了十分嚴重的打擊。

不知在面對著升騰的火焰和民眾的緘默時，商鞅是不是會預見到，百年之後會有一位更加雄才大略的君主，因為他的啟發，給曾經璀璨絢麗的中原文化帶來滅頂之災。

光是禁止人們讀書並不能完全的讓他們與世隔絕，因為戰國是一個相對開放的時期，人民可以在各諸侯國之間來回搬遷，覺得這個國家不好，那就到別的國家去。所以孟子才會說真正的帝業是努力治理好自己的國家，讓其他國家的人民都聽說你國家的好，自覺自願的來你這裡定居。

這些流動的人口從別的國家來，跟本國人民接觸後，就把外面世界的精彩都告訴了本國的人民，有對比就會有心理落差，人民就會產生逆反的情緒。所以要想徹底的愚民，必須隔絕他們跟任何外國人交流的機會。資訊的閉塞會讓人盲目的信任，也讓人更容易覺得幸福。

因為封閉了和外國的交流，加上秦國本就地處偏僻道路不暢，秦人很快就與世隔絕了。外面的世界再精彩也與他們無關，唯一能夠關注的只有田地裡莊稼的長勢。

商鞅變法中還有很多違背現代民主精神的條款，基本都在有關如何治理人民的部分。他認為百姓不能有自己的尊嚴和榮譽，只有不斷被政府貶低和踐踏，民眾才能學會尊重權威，敬畏國家的管理者。「**辱則貴爵，弱則尊官，貧則得賞。**」人民要是有了尊嚴，有了力量，有了錢財，就會不把國家政府放在眼裡，那亡國指日可待。為了實現他的理想，商鞅特地制定了一些辱民的法令，最為現代人所不可理解的當是任用奸人。

他認為任用善良的人，民眾會相親相愛，任用奸詐的人，民眾就會每天戰戰兢兢，敬畏國家制度。總而言之商鞅所做的一切最終想達到的就是強國，只是在他的思想中，國家的強盛和人民的幸福是處在對立面上的，為了國家發展就要犧牲小民的人生。於是奸人當道，律法嚴苛，一點點小的過錯就會被上告到官府，甚至連累家人，因此鄰里們皆生活在惶惶不安中。

愚民政策說的現代化一點，就是一種統治階級在思想上實行的專政。這種專政的最終目標就是把人民徹底洗腦，讓他們忘記外面的世界，忘記自身的尊嚴榮辱喜怒哀樂，一心投入到國家的農桑勞動中。無所謂禮義廉恥，也不在乎個人得失，只化身為國家的一分子，默默貢獻自己的力量讓秦國更強大。

商鞅甚至還想出了一個更狠的招數，讓人民按照等級尊卑的不同穿不同的服飾。這是一種變相的激勵方式，激勵人民向上。要想穿上更好的衣服，就要努力交更多糧食，殺更多敵人以獲得爵位。

變法這種高壓措施實行了十年，史書記載是「秦人悅之」，這在我們看來實在不可思議。設身處地的想，商鞅的變法的確提高了秦人普遍的生活水準，所以雖然在某些方面受到約束，可畢竟能夠吃飽肚子才是最大的實惠。

改戶籍，實連坐，建立身分認證系統

古代社會沒有機器的力量可以借助，一切生產活動都要靠人力來完成，所以人口絕對是越多越好。當然因為醫療水準有限，初生嬰兒的夭折率居高不下，國家再怎麼鼓勵生育，也不會出現今天這樣人口爆炸的局面。

鼓勵生育是解決人口問題的根本措施，但是孩子要長大到能勞動的歲數需要時間，這不符合秦孝公快速強國的指導思想。戰國時期人口流動性大，勞動力經常在各國之間遷徙，人口流失率也很大。為了確保人民不流動到別的國家，給別國增加勞動力，商鞅推出了建立戶籍制度的法令。

商鞅的這一舉動，是世界上最早的人口普查。清查人口有很多目的，一來可以準確的把握國內有多少勞動力，二來國家是根據人頭來徵收稅賦的，很多戶居民都存在藏匿人口的現象，這次清查可以讓這些人口無處可逃。

商鞅規定所有在秦國居住的人民都要在國家辦事處註冊，類似於現在的戶籍制度。他還在國內推行連坐法，住在一起的五戶居民共稱為伍、十戶成為什，這兩個是最為基層的行政單位。連坐法要求什、伍之中的居民互相監督，任何一家有犯罪的行為，其他九家必須聯合向管理長官告發這家人的罪行，否則的話十家同罪。

連坐法對於政府來說，是控制民眾的最省時省力的辦法。配合上商鞅一貫主張的嚴刑峻法，不告發鄰里罪行的人要被處以腰斬，告發的則有重賞，獎賞相當於在戰場上大敗了敵人。無形中竟然把本該相親互助的鄰里關係變成了你死我活的寇讎。

普通人平時在家裡說話做事也要提心吊膽，不知道在什麼地方就有一雙眼睛盯著你的過錯，一轉身就要被所有鄰里集體背叛，成為他人獲得高官厚祿的墊腳石。國家省下了牧民的官員，還能更及時的得到犯罪者的資訊，這種刑法對於封建專制國家的統治確實有種種好處，以至於後世很多君主紛紛仿效商鞅的這一舉措。

如果我們冷靜的看待商鞅變法，他實行的連坐律也是有自身的優勢的。在儒家禮法的制約下，一人犯了法，身邊的親人和友人都不應該去告發，否則就是對親人的不義。這就導致了在中國古代社會普遍的窩藏罪犯、知情不報。

國家法律都得不到有效的執行，犯罪之人可以隨意逍遙法外，長此以往國將不國。連坐法不是商鞅的首創，但他讓連坐律在秦國發揮了最大的作用。有效控制了國民的犯罪率，洗滌了社會風氣，令秦人生活煥然一新。《史記‧商君列傳》中記載，商鞅變法十年，秦「**道不拾遺，山無盜賊，家給人足。**」由此可見連坐之法在當時的確發揮了很大的作用。

以戶籍管理民眾還有一層意思是禁止人民的遷徙。前面已經說過，戰國時期人口遷徙是很平常的事情。只要有腳可以走路，出國並不需要複雜的手續，當然也沒有護照和簽證之說。大大小小的諸侯國是很多，追根究底都是炎黃子孫，同宗同族，沒什麼外貌和語言文字上的太大障礙。所以當時人們對祖國的概念也很淡漠的，離開故國到其他地方發展是很稀鬆平常的事情，像屈原那樣執著於故土，寧可自沉汨羅江也不願出國另謀發展的忠臣畢竟是少數。

到了商鞅這，徹底斷了秦人出國的念頭。管你是去走親訪友，自助旅遊還是一去不復返，統統不允許。「讀萬卷書，行萬里路」，去的地方多，人的見識就廣，就有自己的思想了，這樣的人不好管理。而國家最怕的就是不好管理的人民，所以乾脆就以法律規定他們不得遷徙，留在家裡好好從事生產活動。

「使民無得擅徙，則誅愚。亂農之民無所於食而必農。」當時各國之間有很多無所事事，不願意當農民，又沒有軍功不能當官的人。他們整天在各個縣之間遊蕩，尋找可以謀生的手段。商鞅認為這樣的人是社會的蛀蟲，必須管理。制定下不許人民出國的法令後，這樣的人就失去了不安分的條件，只能安安穩穩的留在家裡種田了。

商鞅的身分認證系統肯定沒有今天的這麼先進快捷，但在兩千年前，這種措施絕對是前無古人的。商鞅利用國家機器的強制力和人民自身的監督力，建立了一個嚴密而龐大的控制網，把整個秦國的凝聚成一個強大的國家機器，使每一個秦國人都成為一位戰士，在他們的努力下，大秦戰車隆隆向前行駛，再無人敢於正視他的鋒芒。

重農抑商：當個沒有「非分之想」的農民

接受過現代歷史教育的人都應該知道，工業革命對我們所生活的世界的發展有著多麼重大的意義，而促進工業革命成功的因素之一，則是英國貴族的「圈地運動」。貴族無休止的占據土地讓農民失去了生產資本，成為了流動的勞動力，進入城市後無形中成為了工業發展的助力。

英國之所以能走在世界的前列，根源就在於這次在當時看起來十分荒唐的運動。工業生產力的提高促進了商品經濟的發展，使得資本主義社會形式在英國最早形成。相比之下，中國執行了兩千年的重農抑商政策使商品經濟發展十分緩慢，加之長達三百年的故步自封，只能落到被動挨打的局面。追根究底，重農抑商的根源，就在那位野心勃勃的改革家商鞅身上。

如果我們更細心的在浩瀚的史籍中尋找，會發現在春秋時管仲就提出過歧視商人的政策，規定商人不能跟普通人穿一樣的衣服，大名鼎鼎的陶朱公范蠡就曾受過這樣的歧視，穿著兩隻顏色不一樣的鞋子。但是真正讓這種思想在統治者心中根深蒂固，並且滲透到每一位炎黃子孫的血液中，還要歸功於商鞅在秦國的變法。

「**國之所以興者，農戰也。農者寡而遊者眾，故其國貧危。其境內之民，皆事商賈，為技藝，避農戰，如此亡國則不遠矣。**」在商鞅看來，商業活動是一種禍國殃民的舉動，必須命令禁止。所以在他頒布的法令中，明確規定了對於商業的定位，即農業為「本業」，商業為「末業」，捨本逐末的做法是不可取的。

經商的人和那些遊手好閒不事生產的人被劃歸一類，這樣的人一經發現，就要把全家都罰為官奴，永世不得翻身。商鞅推崇小農經濟，規定一家有兩個兒子到了成年還不分家的，要加倍徵收稅賦。

為打擊商業活動，商鞅制定了極其詳細的法令，禁止民間的糧食交易，對酒肉這種奢侈品徵收重稅以提高價格，這樣很多人就買不起了，酒館和飯店少了客源，最終只能闔門大吉。商鞅尤其反對經營「末利」，即製造和經營對生產生活並無實際用處的的奢侈品的手工業和商業。

在《商君書》中，「農、商、官」被稱為「國之常官」，也就是國家應該設有的正常的職業分工，這或許是根據管仲士農工商的分類而來。商鞅極端反對的是商人中的「虱官」，即販賣華麗好玩的物品的商人。

商鞅堅定的要求推行重農抑商政策，跟當時的生產力水準是分不開的。生產力決定生產關係，在那個農耕業占主體，低下的生產力和勞動力水準是無法支援商業活動所需要的人力和物力資源的。商鞅經濟思想的基礎是富國窮民，他堅定的認為要想國家富強，必須要想盡辦法讓民眾把錢都交給國家，自己甘心做一輩子毫無非分之想的農民。

要達到這一目標，就必須杜絕可能使民眾放棄農業耕作的商業活動。商人是沒有固定的生活地區的，他們往來於國家和城市之間，「天下熙熙，皆為利來；天下壤壤，皆為利往」正是他們生活的真實寫照。

發展商業會讓經營者富有，對國家卻沒有絲毫的好處。如果讓農民們看到商人如此輕鬆的就獲得了他們勞作一輩子也得不到的豐厚利潤，就會讓農民不想種地，動搖以耕戰為核心的強國政策。

農業是國家發展的根本，是一切生產活動的保證。只有人民固定在土地上國家才能有穩定的土地稅收，以保證國庫有充足的錢財去準備對外戰爭。農業的發展關係到國家的興衰存亡，自商鞅以後的秦國，以及國家大一統之後的歷朝歷代，農業都是最為根本的大事，是統治者最為重視的「經國之大業」。

當然這種過分注重農業的政策也給國家帶來了很多弊端，很多立過軍功的農民成為了新的地主階級，不斷的兼併土地，大批的農民沒有了生活資源，只能成為佃戶，使得土地高度集中於官僚階級手中，國家經濟和政治都腐敗不堪。

在商鞅剛剛開始實行重農抑商的政策時，的確為國家的發展做出了相當的貢獻。農業是人們的衣食根本，如果人人都去經商，從事投機倒把的行為而無人生產糧食，只怕全國人都要被餓死。

九〇年代金融熱潮時世界範圍內都在進行各種投資行為，實體經濟被認為是落後而無用的，經濟危機的突然到來才使人們認識到，泡沫經濟只會把整個世界拖入崩潰的泥沼中，最終需要的還是最根本的商品生產。

在兩千年前的秦國，商鞅的重農抑商政策也有效的使秦國的農業得到了快速的發展，國家稅賦逐年增加，戰鬥力增強，極大推動了秦國社會的發展。同時確立了封建社會的生產方式，對後世的影響甚至持續到明清時期。

商鞅拉開了中國重農抑商的序幕，秦國在他的打造下成為了新時代的締造者。年僅二十二歲的秦孝公在發布求賢令時一定沒有想到，二十三年後當他和他的變法顧問相繼去世時，秦國已經擺脫了夷狄之國的帽子，成為盤踞西方的虎狼之師。

從「夷狄遇之」到「虎狼之國」

商鞅的變法的手段殘酷卻取得了出人意料的成功。《史記・商君列傳》中記載，新法剛剛實行的時候，「秦民之國都言初令之不便者以千數」，商鞅為此使用了極端的高壓手段，甚至不惜對太子的兩位師傅施以極具侮辱性的黥刑，於是「秦人皆趨令」。

而新法實行了十年之後，「秦民大悅，道不拾遺，山無盜賊，家給人足」，現代人或許不會理解，如此令人觸目驚心缺乏人權的政策竟然能得到人民的擁護，其根本應該在於他實行的一系列措施，都適應了小農經濟的生產力水準，任何人只要肯付出努力，都能夠獲得軍功爵位和經濟利益。

這場改革最大的受益人當屬秦孝公和商鞅本人。商鞅採取的是一劑猛藥，讓國家在短短的十年之內富國強兵。一個國家是否真正的強大了不是靠嘴說出來的，自秦這個國家建立以來，一直處在不被主流社會承認的邊緣地位，秦人被說成是與西戎一樣的蠻夷，是沒有受過中原文化薰陶的野人。

自秦穆公之後秦國的戰鬥力一路下滑，更為齊魯這些大國所嗤之以鼻。雖然在秦獻公的努力下，秦國總算取得了一次對外戰爭的小小勝利，可這樣的勝利還不足以改變秦國的國際地位。

若想在以武力論高下的戰國時期占有一席之地，唯一的辦法就是讓其他國家看到秦國的強大，為了達到這一目的，商鞅開始為打一場硬仗做準備。秦國經濟發展迅速，小小的櫟陽已經不能承受作為這個新興國家都城的職能。

商鞅用了三年的時間做準備，遷都咸陽，取得地利的優勢。新法又實行了五年之後，連周天子都不能再無視這個國家的崛起，派人給秦孝公送來了祭祀用品，引來各國諸侯的或真心或假意的恭賀之聲。

這件事情發生的第二年，中原發生了一件大事。齊國和魏國在馬陵大戰，齊國大勝，俘虜了魏國太子申，大名鼎鼎的魏國將軍龐涓也在這一戰中戰死沙場。商鞅看準了這個機會，向秦孝公進言說，魏國和秦國絕對不能和平共處，魏國的都城安邑和秦國只有一河之隔，並且占據著有利的地理位置，進可侵犯秦國，退也能守衛山東之地。現在秦國國家富強，而魏國新敗，正是伐魏的好時機。一旦魏國不敵，就必定要東遷，秦國就可以盡得黃河附近的地域，有了這片土地，下一步想要東進統一天下成就帝王之業就不是什麼難事了。

秦孝公對商鞅向來言聽計從，這一番分析也正中他的下懷，能夠東渡黃河，出函谷關占據中原之地是歷代秦君夢寐以求的，如今大好機會擺在眼前，怎能不抓住？於是秦孝公任命商鞅為將軍，出兵伐魏。說起來，商鞅來秦國之前還在魏國工作過一段時間，在魏國還有些熟人，此次伐魏來迎戰他的正是他的老朋友公子卬。

所謂兵不厭詐，此時商鞅完全沒有顧忌戰場上的對手是自己曾經的朋友，還殘忍的利用了這一點。商鞅太需要這場勝利了，為了能打贏甚至到了不擇手段的地步，也因此為他在歷史上留下了卑鄙無恥的惡名。

他寫了封信派人送給公子卬，信中先是回顧了自己和公子卬的交情，而後又故作無奈的說此次出戰是各為其主，自己並不忍心在戰場上跟老朋友拚個你死我活。所以邀請公子卬到兵營中來參加宴會，雙方講和，兩國不再兵戎相見。

不知道公子卬這個人究竟是缺心眼還是太過重感情，居然相信了商鞅的鬼話，隻身去對方兵營中赴宴，滿心期盼著透過這樣和平而歡樂的方式解決這次兩國間的紛爭。而商鞅則給他上了生動的一課，早早就派了身著重甲的兵士埋伏在一旁，公子卬一出現就被俘虜了，成了商鞅的階下囚。

一支軍隊如果沒有了主帥會出現什麼結果不言而喻，魏軍陣腳大亂，被秦軍毫不費力的全部俘虜，原本魏國的大軍成了秦國的國防力量。魏國的軍隊在跟齊國的戰爭中消耗大半，此時再也無力組織大軍對抗咄咄逼人的秦國。魏惠王在恐懼之下只好答應秦國割地的請求，把黃河以西的土地盡數劃歸了秦國的版圖。並且放棄了都城安邑，遷都大梁。兵敗如山倒的魏惠王仰天長嘆，當年一時的猶疑沒有聽從公孫痤的勸告。那個被他輕視的年輕人一手造成了自己的這次慘敗，真可謂世事無常。

經過這一戰，秦國用自己奔騰的鐵蹄證明了自己已然成為軍事大國，令諸侯國看得目瞪口呆。而商鞅自己也透過這場勝利得到了秦國最高的榮耀，秦孝公親自出城迎接得勝歸來的商鞅，並且封給他於和商地區的十五個邑作為獎賞，就是從這一天開始，他成為了商君，也是從這時起，我們才真正能夠稱他為商鞅。

秦國不再是那個不值得一提的夷狄之邦了，戰勝魏國之後，秦國在其他諸侯的眼中有了一個新的身分——新興起的虎狼之國。「**秦與戎翟同俗，有虎狼之心，貪戾好利無信，不識禮義德行。苟有利焉，不顧親戚兄弟，若禽獸耳，此天下之所識也。**」這是《史記》中記載的魏國公子無忌對秦國的評價，這其中帶著怨恨也好，嫉妒也罷，不能否認的一點是諸侯國開始害怕和重視秦國，秦國已經完完全全成為了不可忽視的威脅。

《商君書》：變革宣言書出世

《商君書》究竟從何而來，時至今日已經是眾說紛紜。史學界曾經為此爭論不休，以郭沫若為代表的一些學者認為，這本書是徹頭徹尾的偽書，是後人所做，借托商鞅之名以求能流傳後世；但歷代史書的編纂者以及民國時期著名的史學家呂思勉都認為《商君書》的作者就是商鞅本人。

這兩種說法都太過絕對，如今較為流行的是第三種說法，即《商君書》同先秦時期諸子百家的其他著述一樣，是商鞅的遺著和其他法家思想的合集，經過歷代的修訂編著，加入了後世的不少觀點，作者並非一人。

《韓非子．五蠹》篇說：「**今境內之民皆言治，藏商、管之法者家有之。**」司馬遷在《史記．商君列傳》最後的評論中說：「**余嘗讀商君開塞耕戰書，與其人行事相**

類。」從《韓非子》和《史記・商君列傳》裡的記載看來，韓非和司馬遷都見過寫有商鞅的著作並且還引用了其中的個別篇章以說明商鞅的主張。

這足以說明《商君書》確有其事，且在秦統一六國前就已天下皆知。今日流傳下來的《商君書》共有二十六篇，除去缺失的兩篇，實際只有二十四篇，這與史書中的記載大概吻合。《漢書・藝文志》中稱《商君》共有二十九篇，這是史籍中第一次把這部著作稱為《商君書》。從《隋志》開始，史家也把它叫做《商子》。

古代印刷技術不甚發達，很多著作都由人手抄謄寫而成，加上時不時會遇到焚書坑儒這樣的事情，《商君書》的二十九篇亡佚了一些，以致我們今天只能在剩下的二十四篇中一窺商君的風采。

作為商鞅變法的指導性文件，《商君書》在法家發展史上的地位堪比李悝制定的《法經》，其中有很多思想也是商鞅與李悝共有的。這部著作字數雖然不多，卻詳細記載了商鞅變法的經過和主要思想主張。主要分篇為：

第一篇　更法	第二篇　墾令	第三篇　農戰
第四篇　去彊	第五篇　說民	第六篇　算地
第七篇　開塞	第八篇　壹言	第九篇　錯法
第十篇　戰法	第十一篇　立本	第十二篇　兵守
第十三篇　靳令	第十四篇　修權	第十五篇　徠民

第十六篇 刑約[缺失] 第十七篇 賞刑 第十八篇 畫策
第十九篇 境內 第二十篇 弱民 第廿一篇 **[缺失]
第廿二篇 外內 第廿三篇 君臣 第廿四篇 禁使
第廿五篇 慎法 第廿六篇 定分

從這些篇目中就可以看出，《商君書》文體多樣，內容豐富，涉及到經濟、政治、軍事、法治等各個方面，讀來令人眼花繚亂、讚嘆不已。

既然是變革宣言書，最重要的內容自然就是變法的思想和措施，被記載下來的都是歷代法家總結出來的思想精髓。在第一篇〈更法〉中有一段精彩的對話，是商鞅與秦國的兩位大臣甘龍、杜摯的辯論。正是透過這場辯論，商鞅充分展示了他作為法家代表人物縝密的邏輯思維和出眾的口才，有針對性的一條條辯駁了保守力量對變法的質疑。秦孝公正是在聽了他詳細的主張和變法措施之後，才任命他為左庶長，主持變法之事。

在〈開塞〉篇中，作者甚至論述了人類社會的不同階段，用以證明在戰國末年的大環境下，實行法治才是唯一可走之路。「**聖人不法古，不修今。法古則後於時，修今則塞於勢**」，這是變法的宣傳語，向全天下宣言只有變法才是強國之路。

商鞅變法最看重農戰，所以《商君書》中有很大篇幅是論述農業和軍事改革的措施的，因此特意有〈農戰〉篇來說明農民和戰事對國家的意義。而商鞅對戰爭的看法和想法也穿插在整本《商君書》中，他認為戰爭是十分必要的，國家必須時刻做好戰爭的準備；農業和戰爭必須結合起來，且要嚴刑法令。最後還提出了很多具體的軍事措施，闡述了自己的軍事思想。

甚至於在語言文學的發展上面，商鞅也對中國有一定的貢獻。例如「自治」二字成為一個片語連用，最早就出現在《商君書》的〈定分〉篇中。「**天下之吏民雖有賢良辯慧，不敢開一言以枉法；雖有千金，不能以用一銖。故知詐賢能者皆作而為善，皆務自治奉公。**」此時的「自治」意義與現代不盡相同，但也相去不遠。法家主張法治，民眾皆懂法守法，自覺的管理好自己，做好自己分內之事，則社會安定，人民富足。

《商君書》的確是不可多得的文化典籍，凝聚著歷代法家人的思想結晶。這些智慧的閃光跨越千年的時光來到我們的面前，也一定會繼續流傳下去，訴說著我國瑰麗燦爛的文化歷史。

蝴蝶效應：中國兩千年封建專制的根

商鞅變法在秦國實行了十年，十年之後，變法取得了極大的成就，商鞅本人也因為對魏國戰爭的勝利而得到了豐厚的獎賞。然而，變法這件事自古就是一把雙刃劍，為國家帶來利益的同時必定會損害很多人的利益。《史記》中記載「**商鞅相秦十年，宗室貴戚多怨望者**」，於是就在這一天，一位名叫趙良的客人來到了商鞅面前。

這個趙良究竟是何人不得而知，但是他對商鞅的殷殷勸告卻被太史公忠實的記載在《商君列傳》中。趙良引經據典，勸誡商鞅多施恩德，否則遲早會引來殺身之禍。可惜商鞅是個「天資刻薄人」，變法正進行的順風順水，自然不會靜下心來聽別人的忠言逆耳，也更不可能改變「少恩」的天性，學習和藹的對待身邊的人。所以儘管太史公用了大段的篇幅來記載這次談話，談話的內容對商鞅並沒有產生什麼影響。他依舊我行我素，在不知不覺中自掘墳墓。

大概是秦孝公的死來的太突然，沒有給商鞅留出為自己打算的時間；抑或是商鞅太自負，自負到認為自己的秦國沒有敵人，絲毫不擔心國君死後自己會遭到新君的清算。總之商鞅這次是棋差一招，曾經被他加刑的兩位太子老師，在新君即位後要做的第一件是就是找商鞅報仇。

他們聯名向秦惠王上書，宣稱商鞅策劃謀反。秦惠王立刻相信了兩位老師的話，派兵去抓捕商鞅。商鞅聞風而逃，大概是出逃的時候太過匆忙，沒有來的及帶齊身分文牒，所以在他好不容易找到一家旅館投宿時，卻被店主拒絕。店主振振有詞，商君之法規定，收留沒有身分證的客人是要被連坐的，客官還是走吧。

只怕商鞅這時也要忍不住苦笑了，作繭自縛到如此地步，大概就是他少恩、刻薄的報應吧。從旅店出來商鞅匆匆趕去魏國，想到鄰國政治避難。魏國人記恨他用卑鄙的手段害死了公子卬，拒絕接收他。商鞅走投無路，只好掉頭回秦國，到了自己的封地商邑，組織僅有的門人手下起兵謀反。

憑他一己之力當然打不過他一手建立起來的鐵血帝國，秦王發兵輕而易舉的擊敗了商鞅，為了警醒天下人莫要學商鞅謀反，秦惠王對他施以了車裂的極刑。他的家人僚屬也依照商鞅親手制定的律法，盡遭滅族。

商君雖死，變法不休。歷代改革家大多沒有好下場，可真正能算得上取得了極大成功的，只有商鞅一人。商鞅變法的程度之深，範圍之廣，時間之長，都使那些想要廢除變法的人已經無能為力。新法得以在秦國繼續施行，替商鞅完成他未竟的事業。

有些時候我們不得不去假設，如果沒有商鞅變法，在一百四十餘年之後的那場巨大的震動還會不會出現？這場震動太過重要，重要到我們要溯時間之流而上，去尋找那隻拍了拍歷史翅膀的蝴蝶。而這隻蝴蝶，就是商鞅和他的變法。

商鞅變法二十年，徹底改變了一個民族落後的面貌。在秦孝公之後即位的秦國君主都沒有停止戰爭的腳步，據統計，在西元前三三七年至西元前二六〇年的七十多年的時間內，秦國與六國發生過上百次規模不一的戰爭。不過三世四位君王，就讓戰國六雄在秦國鐵蹄之下毫無還手之力。秦王嬴政登基之時，六國的國力已經大不如從前。

因為商鞅的存在，秦王政註定要登上歷史舞臺，成為一個全新帝國的締造者：秦始皇。這次變法的成功就像一座里程碑，標誌著舊時代的結束，新時代的開始。中國延續了兩千年的封建社會在此時形成，一些對後世影響巨大的政策也是在此時第一次出現在中華大地上。

在那個不可一世的年輕人第一次踏入秦國的宮廷，站在秦孝公面前時，秦孝公和他都不會想到，兩人的相遇會產生那樣巨大的能量。兩人合作無間、放手一搏，傾全國之力變法革新。在短短的二十三年時間裡，讓一個偏安一隅的二流諸侯國一躍而成戰國七雄之首。

商鞅可以瞑目了，他用自己的能力和智慧在歷史上留下了如此濃墨重彩的一筆，開啟了一個全新的時代，奠定了中國穩固了兩千年的封建社會的基礎。而秦孝公的孝子賢孫們也沒有辜負祖宗留下的基業，秦始皇和呂不韋的再一次變革之下，秦國終於實現了中國歷史上第一次大一統。

這些曾經活躍在歷史舞臺上的英雄豪傑都已經隨風而逝，變成了史書上一個個死板的姓名。可那隻蝴蝶振翅之時帶來的颶風從未停息，越過兩千載春秋，依然在影響著我們的生活。

第六章　北魏孝文帝改革：征服者的「文化背叛」

亂成一鍋粥：瘋狂的殺戮

三國兩晉南北朝時期是中國歷史上最為著名的動盪時期，國家分裂的局面長達三百年。在西晉短暫的統一之後，北方少數民族開始南下，入侵中原漢族。晉室被迫南遷，整個朝廷渡過長江定都建業，史稱東晉。與此同時，北方的大地陷入了無休止的戰亂中，匈奴、鮮卑、羯、氐、羌五個少數民族輪番上場，掀起了中國民族大融合的第一次高潮，史稱「五胡十六國」。

現在要介紹的孝文帝改革，就是發生在南北朝時期的北魏。孝文帝姓拓跋，鮮卑族。據考證，鮮卑族起源於東北長白山一帶，最開始為游牧狀態，後來在不斷南遷的過程中與漢族不斷融合。鮮卑族也分為了很多小的部族，例如遼東的慕容氏、宇文氏、段氏，遼西的拓跋氏、禿髮氏、乞伏氏甚至遠離中原的吐谷渾都是鮮卑族的分支。鮮卑族比不上匈奴的人數眾多，卻人才輩出。幾乎每一個分支都曾建立過自己的國家，在十六國中占有重要地位，也為如今的中國留下了很多悠遠的姓氏。

在東晉初年，拓跋部因為幫助平定北方的叛亂有功，被朝廷封為代王。但是比起漢化程度很高，曾經四次亡國又四次重建國家的燕國慕容氏，拓跋部實在算不上發展的好。史料記載直到東晉成帝咸康七年（三四一年），拓跋部才在當時的代王拓跋什翼犍的帶領下定都雲中，結束了游牧民族的遷徙生活。前秦建國後苻堅曾經短暫的統一了北方，代國也因此暫時亡國，直到三八六年，北魏太武帝拓跋珪整合了零散的部落，重新建立了北魏。

當時北方戰亂連年，民族混雜，各族人民長時間雜居在一起，民族概念漸漸也就模糊了起來。很多沒有能夠跟著朝廷南渡的漢人也就只能留在北方，拋卻對少數民族的偏見，大家共同生活共同發展。所以在十六國的朝廷裡，都能見到雄才大略的漢人大臣，他們大都身居要職，幫助國君出謀劃策南征北戰。最為著名的要數輔佐苻堅統一北方的前秦重臣王猛，如果沒有他的深謀遠慮，苻堅不可能有國力發動後來的淝水之戰。

在北魏的朝廷裡也是如此，但因為拓跋部的漢化程度不高，對漢人的態度也沒有其他部落寬容。太武帝時的重臣崔浩曾經奉命為國修史，本著對歷史負責的態度，崔浩把鮮卑的各種落後習俗都記載了下來，這引起了鮮卑貴族的不滿，也引發了鮮卑族和漢族之間的爭端。最後，七十歲高齡的崔浩被迫鋃鐺入獄，受盡凌辱之後悲慘死去。

自此之後，北魏鮮卑貴族和漢族士大夫之間的矛盾越演越烈，而失去漢族士大夫的支持後，北魏再也沒有取得過重大對外戰爭上的勝利。在國內，鮮卑貴族和漢族士大夫互相攻擊，政治腐敗，境內各處人民起義不斷。就是在這樣一個混亂的背景下，孝文帝登上了皇位。

孝文帝名叫拓跋宏，即位於四七一年，年僅五歲。他的父親獻文帝拓跋弘不過十九歲，因為在宮廷鬥爭中敗下陣來，只好禪位給兒子，自己去做太上皇。而輔佐新皇帝的重任和輔政的大權就就落到了馮太后手裡。

拓跋氏的後宮仿效漢武帝時的制度，在皇子被立為太子後，就要殺掉太子的生母，以防止出現皇后專權的現象。可以想見，那時北魏後宮中的妃嬪並不像後世一樣期盼著生兒子，有兒子的人反倒每天憂心忡忡，畢竟說不定哪天兒子有出息了，等著自己的就是三尺白綾。所以馮太后說是太后，一手帶大了獻文帝，但說穿了其實她和獻文帝也沒有血緣關係。五歲的小皇帝沒有了生母，又跟著一個沒有血緣關係的祖母，處境的悲慘可想而知。

這個馮太后也不是一般的女子，她是漢族人，祖父是北燕的最後一任皇帝馮弘，後來幾經輾轉才到北魏成了皇后。自幼的顛沛流離養成了她堅毅狠戾的性格，當上太后後，這種性格又轉換為對權力的渴望。馮太后有學識、性聰慧，在她當政的時候，殺伐決斷從不猶豫，可以說是名副其實的女中豪傑。

在孝文帝二十三歲親政之前，國家大小事務都是由馮太后決定。不甘心只做個太上皇的獻文帝多次試圖奪回主動權，但都沒能成功，還惹惱了馮太后，終於有一天，馮太后找了個藉口就把這個自己一手帶大的養子殺了。但是別認為馮太后就是個如慈禧太后般昏庸的老太婆，她實際上是個有魄力的政治家、改革家，影響廣泛的孝文帝改革，就是由她開始推行的。

官吏俸祿制：高薪以養廉

因為戰亂和不斷的宮廷鬥爭，北魏的皇帝大都活不過四十歲。這種情況下，大多數太子都是幼齡登基。孝文帝拓跋宏的父親獻文帝登上皇位時只有十二歲，放到現在還是個上小學的年齡。即位後尊皇后為皇太后，輔佐新皇，馮太后由此登上政治舞臺。

鮮卑人有早婚的習俗，尤其是還處在半游牧狀態的北魏拓跋氏，在拓跋弘登基的第二年，孝文帝拓跋宏出生了。皇帝已有子嗣，按理太后不該再把持朝政，因此馮太后暫時退居後宮，把國家交到十三歲的少年皇帝手中。

十三歲的獻文帝已經有了十分獨立的治國思想和手段，親政後他立刻著手實施自己的政治理想。北征柔然、南卻劉彧，大有要成就一番帝業的趨勢。只是馮太后卻不是個能甘願放棄手中權力的女人，實質上還是在處處干涉獻文帝的行為。了解現代心理學的人都知道，人處在十三到十九歲的青少年時期時，叛逆心理最為強烈，對被父母的管束十分反感。但是馮太后不會知道這一點，所以她和獻文帝之間的矛盾越演越烈。年輕的獻文帝低估了馮太后身後政治集團的實力，他的幾次行為終於惹惱了馮太后，《魏書・天象志》對此寫道：「**上迫於太后，傳位太子，是為孝文帝。**」這個時候，獻文帝只有十九歲。

被迫成為太上皇的獻文帝不甘心就此退休，依然以太上皇的身分去帶兵攻擊柔然，或是到國家各地去巡視。小皇帝還不懂事，政事本來是由太皇太后來輔佐的，可作為太上皇的獻文帝又經常出來參與決策，在觀點上時時與馮太后相左。獻文帝是個鋒芒畢露的人，年輕氣盛不懂得韜光養晦，因此年僅二十三歲就死在平成永安殿中，死因不詳，我們大可以猜測，是忍無可忍的馮太后最終下了殺手。

父親的悲劇被年幼的孝文帝看在眼裡，父子倆名字的發音雖然相同，性格卻南轅北轍。直到馮太后去世，拓跋宏都沒有表露出對這個沒有血緣關係的祖母有多大的不滿，反而孝順有加。

馮太后是漢人，在她的教育下，小皇帝也從小接受漢族文化，這大概就是後來拓跋宏下令鮮卑全盤漢化的原因所在。孝文帝太和八年（四八四年），下令推行官員俸祿制。這個時候軍政大權還在馮太后手中，所以實際上她才是改革的真正推行人。推行俸祿制的動機是想改革鮮卑落後的官制。

馮太后心中有一個全盤的規劃，鮮卑要想強大，要想長久生存於本屬於漢人的地界，必須改變落後的生活方式，這是所有少數民族南侵時必須遇到的問題。此時領導鮮卑族的是一位漢族女子，幾乎沒有猶豫就開始漢化了。

從事農耕業的漢族在軍事上遠遠比不上在馬背上生長的鮮卑族，但在經濟上卻要比游牧民族繁榮的多。少數民族的遷徙，一開始都是為了搶奪物資，就像世界史上重要的大航海時代，其初衷也是去東方尋找黃金、香料。游牧民族的首領為了鼓勵士兵勇猛作戰，實行論功行賞的政策，手下的收入都要跟軍功掛鉤，沒有軍功就得不到賞賜的財貨。其次首領也並不干涉普通兵士搶奪財貨。南下之後，鮮卑士兵往往「初來單馬執鞭，返去從車百輛」。

這種習俗一直持續到北魏孝文帝時期，在漢人也大量進入鮮卑朝廷任職之後，還是沒有改變。國家不給官員固定的俸祿，收入全要靠自己想辦法，或是立了戰功由皇帝賞賜。但是定居下來的鮮卑人畢竟不同於曾經馳騁沙場的北方鐵騎，他們能夠出去掠奪財物的機會很少，北方平定後，打仗的時間也不那麼多，偶爾打一次還是比鮮卑還落後的柔然。

大家都要養家糊口，國家不給錢就要自己想辦法弄錢。於是官員腐敗之風大興，貪汙受賄、搜刮民脂民膏，弄得民怨沸騰，時常有農民揭竿而起。在這種情況下，經濟根本不可能發展。經濟乃國之根本，長此以往進入惡性循環，只能讓這個政權徹底崩塌。北魏的歷代皇帝都看到了這個現象，卻都沒有找到問題的本質，只是下令懲治貪汙的官吏，這個問題一直得不到解決。

聰明的馮太后認識到了鮮卑官制的病根所在，以孝文帝的名義下詔實行俸祿制，開始給北魏朝廷裡的官員發薪資。薪資從每年十月份為起始，三個月發一次。要想病好的快，治本的同時也要治標，俸祿制實行的同時，制定了更加嚴厲的懲治貪汙腐敗的政策，只要被查出來貪汙的數額達到一匹布的官員就要被處死。

我們都知道宋朝實行的是高薪養廉的政策，給予官員的俸祿高的離譜，還是避免不了貪汙的情況出現。北魏的俸祿制該是宋朝政策的藍本，配合上嚴厲的打擊腐敗的手段，對北魏社會的發展發揮了十分積極的作用。

封建制的一個重要標誌是中央集權，而一個國家如果連公務員的薪資都要自籌的話，根本談不上集權。國家發放俸祿保證官員能夠正常生活後，北魏壓榨百姓的現象一下減少了很多。

畢竟，如果不是被逼無奈，誰也不願冒著掉腦袋的危險去貪汙。馮太后的這些做法，即是孝文帝改革中的一部分，也為後來孝文帝更加徹底的漢化改革做了鋪墊，在鮮卑貴族中打下了良好的基礎。鮮卑原本的部落制社會形式和游牧的生活方式，在這些措施中漸漸的改變，一點點靠近漢族人的習俗。

三管齊下

在人類還處於蒙昧階段時，新生的嬰兒只知其母不知其父，所以女性曾在短時間內處於部落首領的地位，即母系氏族。但隨著人類文明的發展，先民們開始知道自己的身世，家族開始形成。

由於身體素質上的差異，女性的地位開始下降，人類社會進入了延續至今的以男權為主體的社會。這樣的社會環境下，即便她們的能力有時大大超過了男性，女子的發展空間仍是很小。

中國自古奉行男尊女卑，這種偏見似乎不分種族，在某些游牧民族中程度還更強烈。也只有大唐開放繁盛的文化環境才能為女性提供有限的活動空間，出現史上唯一一位女皇武則天。

唐朝的開國皇帝李淵的母親是北周大臣獨孤信的女兒，所以整個李唐王朝帶有至少一半的鮮卑血統，據記載唐太宗李世民瞳仁的顏色是藍色，應該就是一種返祖現象。作為唐朝遠祖的北魏，因為融合了北方五個主要胡族和漢族，開放程度也可見一斑。雖然沒有出現女皇，也出現了馮太后這樣的優秀政治家。

在她推行俸祿制一年之後，她又著手改革國家的根本——土地制度和稅收制度。此時偏安江左的晉朝已經滅亡，取而代之的是劉宋王朝，南朝宋和北魏劃江而治，中國歷史正式進入了南北朝時期。

南方土地肥沃，農耕業發達。相比較而言，剛剛從原始社會轉變而來的北魏鮮卑政權就顯得落後和貧窮。因此必須改革土地制度，令國家的農耕也發展起來。每一個想要發動戰爭的統治者都會有這樣的考慮，只有國家經濟繁榮了，才能保證開戰後有足夠的後勤補給。

馮太后實行的政策是均田制、租庸調制和三長制。均田制的內容是要把國家控制的土地分發給農民耕種，每人分到的土地數量是相同的，所以稱為均田制。透過分配得來的土地不能買賣，只能自己耕種。

這種為國家控制的土地被稱為「露田」，當時的法律規定，成年男子每人可分到四十畝土地，婦女每人可分到二十畝，土地的主人去世之後，這塊土地也不能傳給後代，要收歸國有；而除了種植糧食用的田地「露田」外，農民還能得到養蠶紡織所用的田地，稱為「桑田」，只有桑田可以自己保留。

均田制在實質上是一種土地國有制度，在經過長年的戰亂之後，無主的荒田逐漸增多，國家把這些「露田」整頓好之後分發給沒有田地的普通農民，但是土地的所有權依然歸國家所有，農民耕種的作物除去交稅的部分，其他都可以歸自己所有，在一定程度上擴大了生產力。同時，均田制也承認土地私有制的存在。

當時很多鮮卑貴族已經透過多年的積累擁有了不少土地，成為了新興的地主階級。馮太后沒有把握可以動他們這些勢力強大的貴族手中的土地，所以另闢蹊徑，採取了均田的方法，協助那些在地主家中作佃戶的農民獨立出來，之後，他們生產出的糧食就可以名正言順的上繳國庫了。

均田制也不是僅僅針對漢人，胡人如果想改變游牧的習俗，加入農耕民族的大軍裡，國家也會分給他們土地，這更加促進了國家的整體發展。

當然這種土地制度只能在地廣人稀的情況下使用，剛好在三國末年，整個中華大地上只有約三百萬的人口，就算北方少數民族南遷時增加了不少，但十六國時期的戰亂又對北方產生了毀滅性的打擊。與今日相比，現在一個小小的台北就居住著超過兩百萬人口，而在那時整個長江以北廣袤的土地上生活的人口還不足五百萬，分配給普通農民幾十畝土地當然不是難事。這種土地制度經過北魏、北齊、北周，一直延續到唐朝中葉。也許最後被廢除就是因為人口的增長，國家擁有的土地數量不足以平均分配了吧。

跟均田制相應的稅收制度是租庸調，在太和十年（四八六年）孝文帝親政後，又對租庸調進行了改進，規定以一對夫婦為徵收稅賦的單位，每年向政府上繳帛一匹，粟兩石。據《晉書》記載，十六國時期前燕皇帝慕容皝要求治下百姓上繳一年收入的十之七八，由此可見，北魏此時向百姓收取的稅賦還是相當低的。

為了確保均田制和租庸調可以順利執行，在太和九年（四八五年），馮太后制定頒布了三長制。三長制是一種戶籍制度，內容包括五家立一鄰長，五鄰立一里長，五里立一黨長，稱為三長。馮太后以三長制代替了之前落後的宗主都護制，以避免宗主出於私情庇護家族人口。

三長制推行後，居民制定戶籍就容易多了，戶籍定了便能建立戶口制度。每戶按照人口服徭役、繳稅賦，這樣一來，任何人也不能隨意逃避徭役和稅賦，國家的收入有了保證，地方豪強的勢力也被遏制了。

從經濟方面來看，農耕業必定要先進過游牧業。均田制的推行增加了北方從事農耕業的人數，在國家的干預下，農具也有了改進，有連帶關係的手工業和商業也發展起來，北方的經濟逐漸復甦了。

改革「接力棒」

北魏孝文帝的改革從整體上可以分為三個階段，在他二十歲成年之前，變法主要是由馮太后主持。在這個時期裡，這位奇女子不僅承擔起了治理整個國家的重任，還肩負著對年幼的孝文帝的教育工作。

馮太后對北魏的未來有著自己的設想，一要改革國內，實行漢化，二要富國強兵，進攻南朝。拓跋宏自幼就接受漢族教育，受大漢瑰麗文明的薰陶。鮮卑族有自己的語言，但是否有自己的文字在歷史上並無記載，十六國時期漢化程度較高的鮮卑政權，如慕容氏、段氏等部落的鮮卑貴族都是自幼研習儒家典籍，儒學素養極高。拓跋氏因為發展的較晚，到孝文帝時文化建設方面還很落後。為此馮太后特意啟用了很多具有極高文化修養的漢人，這些士大夫整天和小皇帝一起，教他讀書寫字，習儒家禮義。

孝文帝本身也是一個很愛學習的小孩，愛好讀書，雖然年幼卻十分聰穎。《魏書》中記載他諳熟儒家經典，能把五經融會貫通，「**覽之便講，學不師受，探其精奧。**」除此之外，史書和諸子百家的著作也多有涉獵。

為了在全國推行儒家思想，馮太后還在北魏興辦了學校。教育人民學習儒家思想、尊崇儒家禮義。剛剛脫離了部落社會的鮮卑人的確需要這樣的文化教育，讓他們接受先進農耕文明的薰陶，以適應在北方定居的生活。在不用為生計發愁後，人應該明禮節、知榮辱。這樣才能讓這個民族建立的王朝在廣闊的中原站穩腳跟。學校的興辦為孝文帝改革打下了輿論的基礎，也讓漢文化深入鮮卑族的人心。

太和九年（四八五年），北魏下詔禁止卜筮和讖緯，這在東漢末年是十分盛行的一種占卜方法。有些類似於今天的星座運勢，只不過天真的古人是真心相信這些所謂的天象預示的吉凶。但實質上也是一種製造社會輿論的方法，例如漢高祖劉邦和東漢光武帝劉秀在起義時，都曾借助過讖緯。

卜筮和讖緯從道教發展而來，違背儒家的思想和做法。北魏為了推行儒禮，對占卜的行為採取十分嚴厲的打擊手段，只要被政府發現，一概焚毀，如果有私藏不報的人，被發現後就要處死。除此之外，北魏打擊道教可能還有一個原因是為了確保佛教的統治地位，在東漢末年佛教傳入中國，經過幾百年的發展已經十分繁榮。

北魏初年由崔浩引發的太武滅佛風波已經過去，佛教再一次成為北魏的國教，南北朝時期佛教對中國的影響十分巨大，開鑿了大量石窟，流傳至今的大同雲岡石窟、洛陽龍門石窟都是在這一時期建成的。

除了對小皇帝進行儒家教育外，馮太后也明白她的一切作為都會成為小皇帝的行為準則，於是創作了〈勸誡歌〉、〈皇誥〉等文章供他閱讀背誦，教給了小小的拓跋宏很多儒家禮教方面的思想，讓他堅守仁義禮智信的儒家信條。同時馮太后本人以身作則，生活節儉，為人大度，不喜歡華麗的裝飾，也從不對下人苛刻嚴厲。

這些良好的品質都深深鐫刻進了拓跋宏的心中，讓他成長為一個勵精圖治、勤儉節約的帝王。也正是這些先進美好的漢族文化給他的影響十分重大，才讓他在成年後堅定不移的推行漢化措施，力排眾議向漢族學習。

鮮卑是馬背民族，在南北朝劃江而治的亂世下，北朝的君主斷斷不能是個文弱書生。在習文的同時拓跋宏還堅持練習騎射，任何凶猛的飛禽走獸都會喪命在他的箭下。「惜秦皇漢武，略輸文采。唐宗宋祖，稍遜風騷。一代天驕成吉思汗，只識彎弓射大鵰。」像孝文帝這樣文能作詩賦文章四十卷，武能領兵征戰近十年的帝王，的確是不多見的。

隨著孝文帝一天天長大，緊握權力不放的馮太后開始猜忌他是不是要為了皇權對自己不利，於是對他越發的嚴厲。她命宦官嚴密監視孝文帝的一舉一動，只要發現有一點過錯就對他嚴加懲罰。有一次馮太后把孝文帝關在屋子裡，三天不許他吃東西，那時正是北方天氣最寒冷的臘月，孝文帝身上只穿了一件單衣，但卻絲毫沒有怨懟之心。

受到馮太后的杖責對孝文帝來說更是家常便飯，但孝文帝是個十分孝順的孩子，儘管馮太后曾動過廢掉他另立新帝的念頭，但他從沒有對馮太后產生過怨恨，只是默默承受著。

到了太和十年（四八六年），孝文帝年滿二十，理應行冠禮宣告成年。馮太后沒有理由再把持朝政，「帝始服袞冕，朝饗萬國」。從這時起到四年後馮太后去世，北魏實際上是在馮太后和孝文帝的共同治理之下的。

之後孝文帝的改革之所以能夠取得成功，有很大一部分原因在於馮太后在前期的政治制度改革，給漢化掃除了障礙。北魏的經濟正在發展，如果不能及時調整上層社會的意識形態，就會造成生產力和生產關係不相匹配的情況，對國家發展有百害而無一利。

馮太后當政後以她雷厲風行的手段迅速處理了一批政敵，警示那些因循守舊的鮮卑貴族。之後她大力提拔自己家族的成員，又透過他們重用漢人士大夫，北魏朝廷裡的漢族官吏日漸增多，很多有威信鮮卑元老也就開始支持馮太后和孝文帝的改革了。

太和十四年（四九〇年）馮太后去世，這個特立獨行的勇敢女人就這樣走完了她四十九年的人生。拓跋宏悲痛萬分，親自為馮太后服喪，還堅持要守孝三年，後來因為朝中大臣的強烈反對才作罷。

馮太后一生節儉，臨死前特意立下遺詔說自己的喪禮從簡，但孝文帝還是按照儒家的禮制把喪禮辦的十分隆重，這一方面確實因為他是個十分孝順的孩子，只記得馮太后對他的疼愛，另一方面也是為了讓漢家的禮制更加深入人心，為他日後徹底的漢化做一個鋪墊。

從二十四歲徹底掌控國家大權到三十三歲病逝，孝文帝以一人之力推動完成了一個民族向另一個民族的整體轉變，他的政治軍事能力令人驚嘆，敢於承認自己的弱點，虛心向其他民族學習的勇氣，更令人敬佩。

從平城到洛陽

北魏的前身是代國，都城原本在盛樂，位置大概在今天內蒙古和林格爾北部。後來為了進攻中原，都城南遷，其實也沒有往南走多少，就定都平城，也就是今天的山西省大同市附近。

這兩個城市對北方游牧民族來說是很不錯的，靠近草原，人煙稀少，適合騎馬打獵。可如今北魏已經統一中原，很多原來的牧民都放棄了不穩定的游牧生活，開始從事農耕業。再把都城定在這麼偏遠的城市，必定會影響國家經濟的發展。

在宜居的角度上看，平城確實不適合大量人口生活。北地寒冷，生產糧食很不容易。小麥基本都是一年一熟，趕上一些不大的天災就會造成饑荒。北地流傳的〈悲平城〉詩就真實地反映了那時的情形：「**悲平城，驅馬入方中，陰山常晦雪，荒松無罷風。**」北魏在此定都了百年，皇家和很多官吏都在此生活，條件這麼惡劣的情況下，甚至都不能保障統治階級的正常生活。加上平城離黃河還很遠，周圍也沒有修建漕運，交通很不發達。如果打仗的時候被圍城，補給就成了致命的問題。

這些事情孝文帝從很早就開始考慮，隨著國家的逐漸強大，經濟日益發展，遷都勢在必行。而且他一心想要領兵渡江，統一整個國家，蝸居在偏遠的北地城池裡，雖然能發揮抵禦北方柔然的作用，卻阻礙了他南下伐齊的腳步。

在孝文帝成長的十幾年裡，南方政局在不斷發生著變化。劉宋政權已經覆亡，現在控制長江以南富庶繁華之地的君主，已經換成了齊武帝蕭賾。從地圖上可以看到，平城和長江之間隔著大面積的黃土高原和華北平原。即便是交通如此發達的今天，從山西到江南的路途也是十分遙遠的，更何況那個出行只有馬車代步的遙遠年代。孝文帝親政後就下定了決心，必須遷都到洛陽去。

洛陽是中原重鎮，十三朝古都。從東漢開國就是都城，三國時期一度沒落，西晉時又成為都城。到了今天，這座城市的地理位置依然十分重要。大片的華北平原和溫暖的氣候十分適宜發展農業，對北魏整體經濟的發展有很大幫助。孝文帝是個很理性、願意接受新事物的年輕人，先進的漢文化對他具有十分強大的吸引力，他也看到洛陽能為鮮卑族提供更多的漢文化的養料。

還有很重要的一點，在平城保守的鮮卑貴族太多了，這些人常年待在家裡吃喝享樂，不思進取，想法早就跟不上時代的潮流了。這些人一定會反對孝文帝鮮卑全盤漢化的設想，如果到了洛陽，漢化的過程會順利很多。

孝文帝遷都的決心極大，達到任何人的阻撓都不能改變他的想法！

可鮮卑貴族的勢力也很頑固，在幾次交鋒中孝文帝就感覺到了這件事的不易。對鮮卑人來說，北方是他們的家鄉，游牧是他們的生活方式。這些鮮卑貴族都是戰功赫赫，孝文帝的皇位和這片江山，都是這些人或是他們的父輩浴血奮戰換來的。一旦離開平城，很難保證鮮卑不被漢人同化，最後敗在漢人手下。這些人的擔憂不是沒有道理，就後來北魏的命運來看，這場漢化究竟是福是禍很難評說。

面對這些反對的聲音，孝文帝十分擔憂：「**北人戀本，忽聞將移，不能不驚擾也。**」雖說馮太后留給他的是一個蒸蒸日上的國家，可如果觸動了鮮卑大族的底線，很可能會帶來一場大災難。此時孝文帝的聰慧就顯現出來了，也許是在長時間跟馮太后的鬥爭中鍛煉出來的圓滑變通起了作用，他想到了一個有些無厘頭，又十分有效的的辦法——把這些大臣騙去洛陽。

孝文帝太和十七年（四九三年），二十六歲的孝文帝突然召集了北魏的重臣，公布了自己要親征蕭齊的決定。皇帝親自出馬，養尊處優慣了的王公大臣當然也要表現一番，於是紛紛表示跟隨大軍一起出征。這正中孝文帝的下懷，當年七月，北魏集結了三十萬步兵，從平城出發，浩浩蕩蕩的踏上了南下伐齊的征途。

這三十萬人幾乎是北魏在平城駐守的全部軍隊，加上跟隨的朝廷重臣，根本就是傾巢而出了。遷都的事情遭到反對後，就被孝文帝放到了一邊，所以那些不明就裡的大臣誰也沒想到這是皇帝精心為他們設下的圈套。

大軍人數眾多，黃土高原的路又不好走，行進的速度非常慢。此時正趕上雨季，一路上天氣都不好，這可把孝文帝樂壞了。只要看到天氣不好，下大雨，他就下令大軍開拔，冒雨前行。等雨停了，路好走了，他就下令大軍紮營休息。孝文帝自幼習武身體素質好，軍中士兵也都是身強力壯的大小夥子，自然不怕這麼折騰。可那些被迫跟來的貴族大臣可就算受罪了，一路上紛紛病倒。走了一個月，好不容易到了洛陽喘了口氣，孝文帝又挑了個大雨傾盆的日子要繼續南下。早就喪失了戰鬥力的貴族們苦不堪言，紛紛表示不願再前行。

孝文帝的目的算是達到了，就裝作無奈的說，既然你們都不願意走了，而咱們也都到了洛陽，乾脆就定都洛陽吧。貴族們這才發現上了皇帝的當，可事已至此，也為了不再受行軍之苦，只好順水推舟的同意了。

一個國家遷都的重大決策就在孝文帝近乎於玩鬧的手段中完成了。同年十月，孝文帝下令重建洛陽城，次年三月，他又回到平城去說服那些留守的鮮卑貴族，並且制定了細緻的南遷計畫，為整個朝廷的南遷做了充足的準備。太和十九年（四九五年），平城的文武百官和後宮家眷在自願和不願下來到古老繁華的洛陽定居，標誌著孝文帝這場歷時三年的遷都戰爭取得了勝利。

不管從經濟上還是政治上，遷都洛陽都對北魏發展發揮了很大作用。同時這場南遷也對中原產生了不小的影響，漢族和少數民族的融合腳步進一步加快，胡漢之間的分別日益模糊，民族矛盾緩和。鮮卑人在洛陽的經營和發展，使這個幾度毀於戰火的老城煥發了新的生機。

被遺忘的「偏見」

錢穆先生在《國史大綱》中提到，孝文帝執意遷都的其中一個原因，在於當時北魏建國已經百年，很多鮮卑人「暮氣漸重」，需要遷都這樣的大事情來刺激他們的精神，這種手段與現在人們工作一段時間後要去別的城市度假有相似的作用吧。

洛陽王宮宏偉秀麗，比起因陋就簡的平城好了不知多少倍。鮮卑人到了這裡確實覺得眼前一亮，生活和文化都煥然一新。孝文帝遷都的夙願總算實現，下一步行動就是進一步推行他的漢化措施了。孝文帝身上流著的是鮮卑血液，骨子裡帶著馬背民族好戰的不安分基因，實際上他遷都的很大一部分考慮都是在軍事方面的。但是在大舉進攻蕭齊前，他必須確保自己的國家有財政和制度上的保障。

在遷都洛陽的第二年，孝文帝開始了大刀闊斧的漢化改革。首先是改革政治制度，他廢除了鮮卑的官制，全面仿效漢人政權南齊的官制，命朝中的漢族士大夫重新制定了百官的禮儀、名稱、官服等級，還重新修訂了法律。這一切辦妥當之後，他又開始了整個鮮卑族的轉變。

孝文帝要求所有的鮮卑人不再穿鮮卑服裝，而是改著漢服。這一舉措是要在外表認知的層面上讓鮮卑人對中原漢族文化有認同感。畢竟在很多鮮卑貴族的觀念裡，漢族文化並不那麼先進，漢人只是他們鐵蹄統治下的一個失敗者而已，從心底裡他們不願被漢人同化，不願承認這個他們的手下敗將擁有比整個鮮卑族先進的多的經濟和文化。

孝文帝為了改變他們的這些想法，就先從外表上著手，讓鮮卑人變得和漢人一樣，以弱化他們心中的不認同感。實際上這個舉措是不是正確的還有待商榷，眾所周知，鮮卑等北方民族對漢族作戰的優勢就在於他們擁有大量的騎兵，而對於騎兵作戰來說，鮮卑服裝比漢人服裝方便的多。

春秋時期的趙武靈王胡服騎射就是漢族對游牧民族的一次仿效和學習，只是這種甘心汲取其他民族長處的作風沒有流傳給後世的君王，否則的話，五胡亂華的場面或許根本不會出現。

語言文化方面，鮮卑語言的地位也從官方語言降為方言，被稱作「北語」，而漢語才是「正音」。孝文帝要求官員們「斷諸北語，一從正音」，考慮到年紀大的鮮卑官員突然習漢語會比較困難，他還規定三十歲以上的鮮卑人可以說鮮卑語和漢語，而三十歲以下的鮮卑官員則必須說漢語。如果膽敢違反，則要當即降職，情節嚴重的直接撤職。

這一措施有助於鮮卑和漢族的融合，讓他們能很快在漢人集中的洛陽城站穩腳跟。但另一方面對於鮮卑本民族的語言和文化也是一種打擊，至今考古學上沒有證據能證明鮮卑族有自己的文字，所以這種語言在被國君下令禁止後，很快就會失傳，今天我們只能從當時鮮卑人的名字中窺探到一些鮮卑語的風貌。

中原的確曾多次被外族入侵，但大部分侵略者最後都為漢族文化所同化，由此可見漢族文化巨大的包容性和影響力。唯一不肯接受中原文化朝代是蒙古族建立的元朝，因為統治者的固執，政權僅僅堅持了九十九年就被趕回了廣闊的草原。其他少數民族都會自覺或不自覺地接受中原文化，但唯獨鮮卑拓跋氏，在孝文帝的領導下以如此決然的態度向漢族學習，甚至不惜拋棄自己民族沿襲多年的生活方式。

在服裝和語言都向漢族靠攏之後，孝文帝又把目光轉向了更深層的生活。他認為鮮卑族人的姓氏過於複雜，就自己把鮮卑姓氏簡化，下令鮮卑人改姓。孝文帝以身作則，首先把自己的姓氏拓跋改為元，於是拓跋巨集從此改為元巨集。其他的一些重要的鮮卑姓氏如拔拔改為長孫，步六孤改為陸等等。現在的很多漢族人的姓氏如穆、賀、尉甚至劉姓，都有可能是鮮卑人的後裔。

滿清入關後，為了保證皇家血統的純正，規定滿漢不能通婚。即便後來兩族關係緩和，漢家女子也不能參選秀女。而孝文帝不但不阻止鮮卑和漢族的通婚，還非常鼓勵。他本人就率先娶了漢族大姓盧、崔、鄭、王四家的女兒為妃，還把自己的女兒嫁給這些大門閥，以拉攏漢人士族和鮮卑皇室的關係。

他的五個弟弟也都娶了漢人的女兒，這種政治聯姻讓鮮卑族和漢族的命運緊緊聯繫在一起，兩個民族不再僅僅是統治和被統治的關係，整個北魏成為了鮮卑人和漢人共同擁有的江山。

這些措施有效的解決了兩個民族間的矛盾，鮮卑族學習了漢族先進的文化，漢族也借鑑了很多游牧民族的生活智慧。例如對整個世界影響深遠的馬鐙，就是在民族大融合的時期在整個中國大範圍普及，為日後騎兵的發展提供了極為便利的條件。而坐具和桌椅的出現、漢族服飾的變化、飲食方式的進步都與這一時期密切相關。

農耕民族的生產方式在北魏普及，原來只知騎馬打獵的鮮卑人也開始耕種糧食。以洛陽為中心的北魏政權糧食產量漸漸提高，國家財政和糧食的收入大大增加，為南下戰爭提供了足夠的物質保障。孝文帝太和二十年（四九六年）和太和二十二年（四九八年）兩次發兵征討蕭齊，也取得了一些戰役的小勝利。但在第二次伐齊時士兵發生叛亂，孝文帝不得不停止了南伐的腳步，發兵鎮壓叛亂。多年的南征北戰拖垮了孝文帝的身體，在休養時他鍾情的皇后馮氏被人告發不守婦道，孝文帝心力交瘁之下再次領兵南下，於太和二十三年（四九九年）四月病逝於軍中，年僅三十三歲。

孝文帝實際執政北魏的時間還不到十年，這十年裡他帶領鮮卑族從落後的部落社會進入了相對相近的封建社會。由於他的努力，為北魏，為鮮卑族，為整個中原帶來了翻天覆地的變化，留下了不可磨滅的印記。而這些印記是好是壞，他的變法是成是敗，就要留給後人評說了。

東流隨水，是非成敗誰評說

時過境遷，我們現在只能從零零散散的史料中去推測孝文帝這場頗具戲劇性的改革帶來何種效果。更加富有戲劇性的是，史家們對他的功績褒貶不一。支持孝文帝的人們把這場改革奉為改革史中熠熠生輝的一顆明星；反對的人們則認為這場改革直接導致了三十年後北魏的滅亡。

其實，任何事物都存在兩面性，所以我們必須從正反兼顧的角度看問題。先來看看變法帶來的積極影響。

西漢建立後，統治者開始重視年號制度，一般新皇登基都要更改年號，遇到重大的時間也要更改年號或祈福或表明皇帝的政治主張。經過兩漢的發展，年號已經成為政權的一個重要組成部分。南北朝時幾乎每出現一個小國，這個國家的建立這就要設立一個新的年號，這也給這一時期的年號考證造成了不小的困難。

縱觀整個中國歷史，除去明清兩朝外，其他朝代可以說每位皇帝的年號都會頻繁更換，在武則天時期這個現象尤為突出。年號使用的長短反應的是國家的安定程度和皇帝推行的政策的穩固程度，孝文帝太和的年號能夠持續二十三年，足以說明他的國家在他執政的時間裡大體上是穩定的。

孝文帝的改革分為很多個步驟，但貫穿始終的還是改革國家的經濟和政治。他執意要遷都洛陽，因為洛陽的氣候比平城溫暖很多，適合放棄游牧生活的鮮卑人過上富足的農耕生活。孝文帝還發現洛陽的漕運非常發達，交通對一個國家的經濟起著重要的作用，「要想富，先修路」，有四通八達的水運系統，就不擔心農業經濟發展不善。事實上，改革的確在很大程度上促進了鮮卑族的農業化和漢化。

少數民族的漢化是一個不間斷的持續過程。從東漢末年北方少數民族南遷開始，多民族的融合進程就一直沒有間斷過。少數民族若想在中原腹地生活下去，必須接受漢族的生活方式和文化。孝文帝的改革之所以具有非常重要的意義，在於它是少數民族在認清形勢之後自覺自願的一種漢化。

在之前的一百多年中，鮮卑族的漢化一直處於被動和不自覺的情況下，孝文帝第一次明確且強硬的指出鮮卑族必須漢化，大大加快了北方多民族融合的過程。北魏是由很多民族組成的國家，如果民族之間不能相互學習，相互包容，後果將不堪設想。

那麼這種改革以及改革帶來的民族融合究竟是不是北魏滅亡的罪魁禍首呢？鮮卑族出現的具體時間不可考，可以知道的只是他們的經濟和文化都大大落後於當時長江對岸的南朝。孝文帝有漢族血統，嚮往漢族文化，他要進行改革。但這改革是不加篩選的全盤接受，並且包含著孝文帝本人極強的野心。

他要學習南朝的政治制度，改革官制，這對於少數民族來說是一種進步。可在學習的過程中，孝文帝把備受詬病的門閥制度照單全收，搬到了北魏的國家制度中。「舊時王謝堂前燕，飛入尋常百姓家。」這是我們自幼就會背誦的句子，反映的是東晉時期門閥制度之盛。掌握東晉的並不是皇帝司馬氏一家，而是王謝庾桓幾個大的門閥士族。

烏衣巷裡出入的都是可以決定國家命運的當權者，但他們的子孫只熱愛坐在一起進行漫無邊際且毫無意義的清談，這也是後來晉朝滅亡的一個根本原因。孝文帝不但不借鑑晉朝亡國的教訓，還熱切的學習了這些制度，導致鮮卑人階級分化嚴重，從前那種「只要努力作戰，就能過上好日子」的信念受到了嚴重的打擊。

另一方面，孝文帝心中始終惦念著南下統一全國的軍事夢想，他遷都有很大一部分是出於軍事上的考慮，在黃河邊可以方便的南下，組織大規模軍隊攻打南朝。孝文帝親政時二十三歲，病逝時三十三歲，十年間發動了三次大規模的戰役。這三次南伐都沒有獲得成功，其中又一次派去的軍隊還發生了叛亂。

由此可以看出，孝文帝在發動戰爭上操之過急，遷都後還沒有好好休養生息一番，就出兵令國家大傷元氣。游牧民族的天性流淌在他的血液中，在被馮太后壓抑了多年後終於得到釋放。帶領鮮卑鐵騎南下統一中國是孝文帝從少年時就有的夙願，他曾經寫過一句詩「**白日光天無不曜，江左一隅獨未照。**」足可以看出他對於統一國家的重視。為了這個願望他把大半時間都花在了馬背上。戰爭失敗了，但對於他來說，死在去南伐的路上，也是一個不錯的歸宿吧。

孝文帝死後北魏再沒有出現像他這樣具有強硬手腕的君主，經過了三十一年的政權更迭，北魏分裂為東魏和西魏，之後東魏被北齊所代，西魏則變成了宇文氏建立的周國。很多人分析過出現這種形勢的原因，為大多數人所認同的是由於孝文帝遷都後，以洛陽為中心的南部地區漢化程度高，經濟發達，而以平城為中心的北部地方依然處於鮮卑族的狀態，甚至還有進一步游牧化的趨勢。久而久之，兩個地區的差距越來越大，就形成了兩個完全不同的政治集團，最終導致了北魏的分裂和滅亡。

不論我們如何看待孝文帝，不管孝文帝改革獲得了什麼樣的歷史評價，這些轟轟烈烈的事件，這些曾經叱吒風雲的英雄都已經隨水而逝。留給我們的寶貴財富，是他們虛心學習其他民族優秀文化的胸懷和從根本上改變自己的超人的勇氣。

時光靜靜地流淌而過，今天讓我們還能記起他們的，是那些還留存在世上的他們曾經生活過的痕跡，以及現在這樣一個融合了各種不同民族，接納了無數相異文化的多元化的中國。

卓絕帝王的悲劇人生

在那些十分流行的古裝影視劇裡，我們常常能看到這樣的橋段：有著糾結痛苦人生的皇子皇孫滿臉無奈，四十五度仰望著天空憂傷的說，若有來生，我願再不生在帝王家。在普通百姓看來，這多少有些身在福中不知福。對於廣大的子民來說，皇帝是那麼高高在上，生活必然是驕奢淫逸、為所欲為。實際上，如果深入研究這些帝王的人生道路，就能發現他們之中大部分人的人生，都是悲慘又淒涼的。孝文帝的統治和改革是成功的，他自己的人生卻彌漫著血腥和悲情。

鮮卑有早婚習俗，孝文帝拓跋宏出生時，他的父親拓跋弘才不過十四歲。擱到現代，也就是個上國中的年紀。北魏立國時，為了防止皇子年幼，外戚干政，就仿效漢武帝殺掉昭帝生母勾弋夫人的做法，定下了「立其子，殺其母」的規矩。封建社會中很少出現「不重生男重生女」的情況，但在北魏的後宮中，妃嬪都希望自己生的是女孩，這樣至少可以保住自己的性命。

拓跋宏的生母思皇后李氏就是在這種情況下被殺的，他還是個不到三歲的小娃娃，就失去了生母的庇佑，且親眼見證了母親的死，這對於他幼小的心靈該是多大的打擊。如果說殺掉生母的做法是為了防止外戚干政，那在孝文帝這裡確實沒什麼效果，國家的權力都掌控在孝文帝名義上的祖母馮太后手中。

少數民族文明程度和漢族不能相提並論，對女子的輕視程度也沒有漢族那麼嚴重。據學者分析，匈奴的閼氏就不僅僅扮演皇后的角色，而且還是單于的合作夥伴。他們經常共同出席其他國家舉辦的宴會，且閼氏的意見會很大的影響到單于的決策。在鮮卑族也是同樣，北魏立國後也出現了幾位非常有作為的皇后，在某種程度上，她們為北魏的發展做出了一定的貢獻。

南北朝的亂世結束後，中國迎來了統一安定的大唐王朝。唐王朝帶有獨特的異域氣質，是所有漢族王朝中的異類，開國皇帝李淵的母親是北周大將獨孤信的女兒，是鮮卑人。因此我們可以說，整個大唐是帶有一半外族血統的。草原民族的飛揚跳脫結合了中原文明的深遠悠長，造就了領先世界的大唐文明。正是在這樣的土壤下，才有可能出現武則天這樣前無古人後無來者的女皇。

回過頭來說北魏，生母死後，孝文帝由馮太后撫養。馮太后是北燕皇帝馮弘的後裔，雖然常年生活在鮮卑族人中，卻是個漢人，身上還是帶著漢民族揮之不去的印記。所以她給予了孝文帝很多漢族文化的教育，也使漢族定居農耕的生活生產方式深入了孝文帝的思想中。最先提出在北魏推行改革的就是馮太后，在她逝世後，由孝文帝繼續施行，這與她從小對孝文帝的教育是分不開的。

一部中國古代戰爭史，同時也是民族融合的歷史，魏晉南北朝時期則是中國民族大融合的一個高峰時期。這個時代北方戰亂不斷，民不聊生，哀鴻遍野。戰爭帶給人們無盡苦難的同時也消融了民族之間的隔閡，游牧民族和農耕民族互相學習，共同生活，從對方身上汲取營養，改變著自己的生活方式。

馮太后去世時，孝文帝已經二十多歲，早就有了自己的決策能力，也度過了青春叛逆期。因此他沒有像萬曆皇帝對張居正那樣對馮太后怒目相向，反而表現出了令很多漢族人都汗顏的孝順。馮太后與他沒有血緣關係，在孝文帝小時候還虐待過他。但善良的孝文帝全心全意的替馮太后守孝，難過的五天五夜不能進食。

從這些方面能看出來，孝文帝是個好孩子，也努力成為一個好帝王。只是不知為什麼，噩運總是縈繞在他身邊。鮮卑人是好戰的，孝文帝一直的心願是帶領大軍南下，統一全國。在遷都洛陽之後，改革初見成效，孝文帝急忙集結大軍，兵分四路大舉南征。這時北魏國內時局動盪，根基不穩，仗打了半年，卻沒有什麼實質性的成果。

一年之後，南朝齊國國內出現政治動亂，孝文帝認為這是個好時機，加上已經做了充分準備，就決定第二次南征。一開始魏軍勢如破竹，接連攻占了南陽、新野等郡縣。但卻在渦陽遭到了齊軍的阻擊，魏軍戰死了一萬多人，三千人被俘。這場勞民傷財的仗打了七個月，魏軍還是沒能取得什麼可喜的成果。

兩次戰爭的失敗大體可以歸結為孝文帝的操之過急，為了早日完成統一大業，他不顧國內的情況窮兵黷武，損失了大量的錢財，還折損了寶貴的兵力。改革剛剛見到的一點成效，經過這幾場戰爭的折騰，也消耗的差不多了。孝文帝太和二十二年（四九八年），北魏集結了二十萬大軍準備第三次伐齊。還未出發，高昌兵就因畏戰而頻繁叛亂。孝文帝只能推遲了出兵的日期，先平定內亂，本就焦頭爛額的孝文帝後宮又突然出了大事，令這位奔波一生的帝王走到了自己生命的盡頭。

太和七年（四八三年），馮太后開始為十六歲的孝文帝選妃。太師馮熙是馮太后的兄弟，兩個女兒馮潤和馮清都被選入後宮。這兩個女子是馮太后的侄女，輩分比孝文帝高，但年歲差不多。史料記載馮潤長得「有媚姿」，聰明美麗，精通漢文化，跟孝文帝很投緣。入宮三年後，馮潤得了咯血症，被馮太后遣送出宮，回家養病。

孝文帝是個很癡情的人，一直很愛馮潤，但是馮太后的遺詔是要立馮潤的妹妹馮清為后，孝文帝不敢忤逆，只好冊封了馮清。後來孝文帝想辦法找到了馮潤，又把她迎回了宮中，冊立為左昭儀，地位僅次於皇后。因為孝文帝偏寵馮潤，姐妹兩個之間漸漸出現了隔閡。

在遷都洛陽後，孝文帝要求所有皇室成員穿漢服、習漢話。不知為何，漢人出身的皇后馮清偏偏要跟皇帝對著幹，拒絕穿漢服，也不肯說漢話。孝文帝本就不喜歡她，就借著這個機會廢掉了皇后，把他深愛的馮潤立為皇后。

之後的幾年中，孝文帝一直在外征戰，留下皇后一個人在洛陽獨守空房。馮潤也許遺傳了馮太后的不甘寂寞，竟然跟宮中的假宦官高菩薩私通。不僅如此，她還恃寵而驕，企圖趁著孝文帝不在，逼迫孝文帝的妹妹彭城公主嫁給她的兄弟。彭城公主不甘受人脅迫，在一個雨夜隻身逃出洛陽，到軍營中找孝文帝，把所有事情和盤托出。孝文帝大怒，下令幽禁皇后，處死高菩薩。

此時戰事不順，孝文帝又常年鞍馬勞頓，身體已經十分虛弱。在驚聞被深愛的人背叛後，一下子受不了打擊，染上了重病。經過醫治後稍有恢復，他就又一次回到戰場上。太和二十三年（四九九）四月二十六日，孝文帝於軍中病逝，年僅三十三歲。臨死前他留下遺詔，後宮所有妃嬪可以出宮改嫁，但要處死皇后，擇地以皇后之禮安葬。

孝文帝悲情的一生就這樣畫上了句號，他年僅三十三年的生命中，幾乎沒有一天享受過常人唾手可得的溫暖。母親因他被賜死，父親早逝，唯一深愛的女子又背叛了他。他的努力推動了歷史的發展，促進了北方民族的融合，成為當時最耀眼的一位君主。而他的人生，充斥著悲涼、黯淡和不幸，一生都不曾擺脫。

第七章 慶曆新政：「軍備競賽」下的法度擴建

開國五十年：承平日久，久必生弊

縱觀中國三千年的文明史，哪個朝代最令人魂牽夢縈？關於這個問題，不同的人一定有不同的認知。有人醉心先秦的思想自由，有人傾慕兩漢的恢弘大氣，更有人欣賞李唐的異域風情。崔永元說過，最想穿越回民國，與大師共坐品茶，談古論今，或是投身革命，拋頭顱灑熱血，只為換來後世的和平。曾經有人把歷朝歷代的民俗風情做過比較，得出的結論是，在宋朝時，人們的生活已經十分接近現代人的生活。

宋太祖趙匡胤出身貴族之家，領兵南征北討多年，等到黃袍加身以政變的手段登上皇位之時，國家的大部分地區已經歸由宋軍掌握之中，第二年即改元為宋太祖皇帝建隆元年（九六〇年），就此開始了前後延續三百多年的大宋國祚。宋初的幾位皇帝勵精圖治，國家經濟發展迅速，人民生活富足，加上對於學術和知識分子的絕對尊重，宋朝成為我國文化藝術繁榮發展的黃金時期。

相比較秦朝的焚書坑儒，和明清兩代大興文字獄動輒就對文人滿門抄斬，刑不上大夫的宋朝絕對是知識分子的天堂。因為從統治者執政初期就定下的尊重知識和文化的基調，宋朝才會湧現出那樣多的詩人和文學大家。所以今天的我們才能遙想柳耆卿自在的吟著：「**把浮名都換了，淺酌低唱。**」一穿梭於秦樓楚館之間時，是何等的玉樹臨風。

開國之後五十年的光陰轉瞬滑過，宋朝最有作為的皇帝宋仁宗趙禎登上了帝位，開始了他長達四十一年的統治。當然，再怎麼表面風光的王朝，內在都會隱藏著多多少少的不穩定因素。在過了幾十年太平日子之後，宋朝的弊病就顯現了出來。尤其是在歷史軍事學家眼裡，兩宋時期一定是最令人痛心疾首的朝代。

開國皇帝趙匡胤出身軍閥世家，有了自己這個前車之鑑，他對將軍謀反，領兵倒戈的事情一直心存芥蒂，所以才有了「杯酒釋兵權」的典故。奪了老臣的兵權還不算，他還特意制定了一套複雜的制度以牽制軍隊。在官員任免方面，皇帝廣施仁政，除了透過科舉考試，還可以透過父死子繼、上級死了下級補上的「門蔭」制度做官，甚至可以透過「納粟」來買官。久而久之公務員的數量就大大超出了國家財務能夠承擔的範圍。

國防方面，北方的遼國和北宋中期立國的西夏對宋朝一直虎視眈眈，宋朝為了因應隨時要打仗的情況，不得不設立了常備守衛軍「禁軍」和地方兵團「廂軍」，而且人數還在不斷增加，到了仁宗年間，禁軍人數已達八十萬之眾。《水滸傳》中的八十萬禁軍教頭林沖，就是由此而來。不過八十萬禁軍有兩千多位教頭，林沖只是其中之一，並不像小說和影視作品裡誇張的那樣位高權重。

無休止的擴招官員和軍隊規模，造成了北宋冗兵冗官的積弊。據歷史學家考證，北宋有人口約兩千兩百萬，其中當兵的就占了一百二十萬，也就是說，二十分之一的人要靠其他人養活，人民身上的負擔日益加重。

趙匡胤分權的措施把兵士和將軍都折騰的暈頭轉向，國家重文輕武，缺乏衛青、霍去病那樣的奇才，致使如此多的軍隊卻保護不了國家的安全。宋朝阻止不了党項族人割據夏州（至元昊時建國西夏），後又與遼國產生糾紛，兩軍在今天北京的國家圖書館附近交戰，御駕親征的太宗皇帝中箭兵敗，宋朝被迫與遼國簽下澶淵之盟，年年向對方繳納歲幣。

至此，農耕民族再無力抵抗北方蠻夷的鐵蹄，兩宋的邊塞詩裡少了兩漢的氣魄和盛唐胸襟，再難見到王之渙「羌笛何須怨楊柳，春風不度玉門關」那樣悠遠的西域風情。

令宋仁宗焦頭爛額的不僅僅是國防上的困境，稅收和吏治上的混亂才是國內矛盾尖銳的源頭。宋朝開國後並未對土地制度進行大的改革，政策上依然允許土地的買賣、租賃和抵押。這樣一來土地兼併嚴重，地主豪強擁有大量土地，「無產階級」農民逐漸無家可歸。這些農民無處可去，只能繼續租賃地主的土地成為佃戶。

國家的稅收是建立在個人擁有多少土地的基礎上的，有權有勢的地主階級隱藏了自己的財產，把稅收轉嫁到本來就沒有多少收入的佃農身上，造成貧富差距越來越大。實際上，這些潛藏的危機是不容易為國家的最高領導者宋仁宗見到的，他所能看見的是國庫的空虛和西北戰事的失利。政治經濟學中論述過，國家財政最為理想的狀態是收支平衡，略有結餘。然而到了仁宗朝，國家財政收入雖然已經增長到太宗時期的六倍，國家財政卻時時捉襟見肘，花光了前兩位皇帝辛苦攢下來的積蓄不說，整個國家財政更是到了年年赤字的地步。

讓趙禎真正下定改革決心的，是國內接連不斷發生的農民暴動。這些暴動的規模不算大，在中央派兵的情況下也很快被鎮壓，但是憂國憂民的宋仁宗卻看到，被暴民們攻打的州縣守軍根本沒有盡到一點他們應盡的義務，得到消息後紛紛作鳥獸散，甚至於迎接叛軍進入縣衙。官吏的無能和軍隊的軟弱深深刺激了宋仁宗，正在這個時候，宋朝士大夫階級中出現了一批以天下蒼生為己任的有識之士。皇帝下令召他們進京，君臣協力，一定要想出個辦法來。

總綱領：《答手詔條陳十事》

宋仁宗想依靠的這批人的領袖，就是那個寫下了流傳千古的《岳陽樓記》、向天下宣言「先天下之憂而憂，後天下之樂而樂」的范仲淹。北宋雖然常有小人當道，可也多名相，趙普、寇準、范仲淹、歐陽修、王安石、司馬光，這些名字鐫刻在浩瀚歷史之中，時時閃耀著智慧的光芒。

現在提起這些人，大家看重的多是他們行雲流水般的文學作品，曹丕曾在《典論・論文》中稱文章是「經國之大業，不朽之盛事」，能夠官拜宰相，自然要有一枝好筆頭，可實際上，這些文學家的主業和人生理想，還是輔佐帝王成就千秋功業，修身齊家治國平天下。

范仲淹絕對算得上是其中的翹楚，能寫一手好文章的大官很多，可能寫一手好文章的儒將就是鳳毛麟角了。唐人總是叫囂著：「**寧為百夫長，不作一書生**」，但選擇投筆從戎的也不多；南宋大詩人陸游再怎麼苦大仇深，也沒有真的上陣帶兵的能力，最多帶著感嘆說一句：「**王師北定中原日，家祭無忘告乃翁。**」

可范仲淹不同，他和辛棄疾同樣是「上馬擊狂胡，下馬草軍書」的全能將軍，因為早年遭到宰相呂夷簡的嫉恨，被貶出中央戍邊。到了宋仁宗召他還朝的時候，范仲淹在邊境已經有了不小的聲威，在陝西宋朝和西夏邊境的軍民尤其敬重他，因為他官拜龍圖閣學士，那裡的羌人親切的稱他是「龍圖老子」。

跟范仲淹一起受到重用的還有韓琦、富弼和歐陽修等人。歐陽修那時還比較年輕，還沒有成為文壇泰斗，是個御史臺的諫官。當時的宰相王舉正是個堅守中庸之道的人，說白了就是毫無作為，不求有功但求無過，這跟現在不少人的處事哲學倒是不謀而合。身為諫官的歐陽修於是聯合了一些人上疏，求皇上把王舉正罷相，任用范仲淹。

宋仁宗慶曆三年（一〇四三年）九月，皇帝下詔要求范仲淹等人總結朝廷面臨的問題，提出行之有效的解決辦法。范仲淹曾在朝中任職多年，如今又深入各地接近民聲，對國家流弊有很深的了解和思考。難得的是他懷有一顆報國之心，「**居廟堂之高，則憂其民；處江湖之遠，則憂其君**」，機會擺在眼前，定要及時抓住。

於是他整理思路，一蹴而就，寫成了著名的《答手詔條陳十事》。宋朝進入中期後的第一次改革就此開始，史稱「慶曆新政」，這《十事》就是范仲淹改革實際意義上的施政綱領。

這篇文章列舉了宋朝面臨的十個問題，條條切中要害，直指北宋社會問題的根源，更可貴的是他還連帶著寫出了解決的方法。宋仁宗看過之後，大以為然，立刻下令按照范仲淹所陳的問題和方法，開始新政的腳步。

1明黜陟：制定官員在任的時間限制，定期考核。

2抑僥倖：廢除一部分官員的「門蔭」權利，使大臣子弟不能再輕易進入館閣任職。那些少數可以讓後人接任職位的官員，也必須在任兩年以上，才能享受這個權利。這樣就能避免冗官，人浮於事的情況出現。

3精貢舉：改變科舉考試的制度，進士和其他科目廢除糊名法，只要是履歷裡沒有劣跡的學子，都可以實名參加考試。進士科先考策論，再進行詩賦等文學素養方面的考試。學子可以透過在外的才名考取進士。

4擇官長：即加強各級長官的保舉和選派。

可以看出，以上幾條都是為了解決冗官冗員，貪贓枉法等問題而提出的。

5均公田：對於那些在外做官，有著大面積土地的官員，沒收他們的土地分給佃戶和窮苦的農民，使人人都能有自己的土地，得以自己自足。如果有違反法令的人，一經查出就要按照法律規定進行處罰。

6厚農桑：經年的自然災害使很多農田都無法耕種，由國家興修農利和水利漕運，使這些農田有機會復耕。

7修武備：限制宋初制定的府兵法，讓那些沒有戍守任務的軍士進行農業耕作。

8推恩信：敦促地方官把新政的恩澤推行下去。

9重命令：把改革的命令精簡凝練，反復推敲之後再頒行，以確保不反復下令、朝令夕改，讓官員和百姓無所適從。

10減徭役：減少一些行政區劃，把那些沒用的士兵都遣回家務農，以增加農業生產和稅收。

這十條命令可以分為四個部分，分別從吏治、農業、軍事和行政管理方面向宋仁宗陳明了國家存在的弊端。

由於范仲淹說的有理有據，詳略得當，宋仁宗和其他大臣商量後，接連頒布了多條法令。

《十事》裡提出的十條措施，除去修武備一條，其他都為皇帝所賞識，唯有廢除府兵法，眾大臣都認為這是祖宗立下的軍事法令，不可隨意更改。可以看出，宋朝的統治者時時都在警惕著軍閥割據的危險，皇帝可以接受對其他社會問題的改革，唯有這一點關係到國家的生死存亡，絲毫不可退讓。

整頓吏治：治療冗官的一劑猛藥

首先來看《十事》中關於整頓吏治的條款。前四條先對現存的官員選拔制度進行了批判，認為其中存在很多弊端。讀書人通透過科舉考試進入官場之後，並沒有有效的考核制度，升遷或是貶謫也全憑上級官員的一句話。范仲淹提出的第一條對策就是為了解決這個問題，設立官員考核制度，讓那些只會上下鑽營魚肉百姓的貪官無所遁形。

依照新政的規定，官員要想升遷，必須由大功大善，例如治理了一方水患或是帶領百姓抗擊了來勢凶猛的蝗災。而且在外任職的官員任期三年，京官任期五年，只有做滿了任期且通過了考核，有機會向上升官。對官員在一個職位上任職的時間做出規定，有些現代政治制度的意味，好像總統一屆任期滿，要想謀求連任，就要投入大量精力拉選票一樣，只不過古代中國是沒有這些民主意識的，官員能不能連任，是由考核成績和皇帝來決定。

范仲淹把透過「門蔭」制度繼承官位稱作僥倖，在他看來整頓吏治第二重要的就是抑僥倖。說是抑，就不是「一刀切」的全面禁止，在京城中比較重要的官職如少卿、監官以上的官職，一概不許有父死子繼的現象；品級較低的監司和邊任在任職滿兩年之後，才能有「蔭子」的權利。而且特意規定，在朝的大臣不能向館閣推薦自己的子弟任職，用以避免為了解決「官二代」就業問題帶來的冗官。

古代社會畢竟不如現在多元化程度高，讀書人最主要的出路就是做官，很多屢試不第的學子可能一生都要在考試中度過，比起他們把一生榮辱都壓在這一場考試上，現代備受詬病的聯考不過是豐富人生經歷的小菜一碟。所以現代人若是覺得生活的時代不好不妨多讀讀歷史，就能發現比起傳統社會的諸多限制，我們的生活是多麼美好。

科舉制度產生於隋朝，經唐朝幾位皇帝不斷改革，到了宋朝已經發展到十分完備的程度。經歷過聯考的人都知道，閱卷老師在改考卷的時候是看不到考生的姓名的，這就有效避免了偏袒自己學生的事情發生。其實早在宋代就已經有了這種防作弊措施，而且比起現代效果更好。宋代考試實行封彌（糊名）制與謄錄制，考生的名字會被用紙糊起來，誰也不能偷看名字。為了防止閱卷考官辨認筆跡，還要由專人把卷子謄寫一遍。

這樣層層制度保證下，根本沒有作弊的可能。據記載，大文豪蘇軾在參加科舉考試時，主考官正是歐陽修。蘇軾的卷子洋洋灑灑豔驚四坐，本來是可以被評為第一名，歐陽修以為這是自己學生曾鞏的卷子，為了避嫌把他評為第二，放榜之日才知道原來那張卷子是一個名叫蘇軾的年輕人的。由此可見，即便是主考官，想知道那張卷子是誰的也是不可能的。

但是到了范仲淹這裡，他要改革這種科舉制度了。范仲淹不僅廢除了糊名法，還改革了考試的內容。我們常見到唐朝的大詩人在參加科舉時只寫一首七絕就能讓考官拍手叫絕，可在宋朝這就沒那麼容易了。不僅要考詩詞歌賦和四書五經，還要考策論。所謂策論，就像現在大學生寫的論文，考官出個題目，考生在規定時間內作一篇文章。杜甫曾說過：「**文章千古事，得失寸心知。**」禁錮思想的八股文還未產生，這張小小的試卷是考生宣告自己政治主張的舞臺，曾經產生過不少經典的作品。

綜合來說，經過改革後科舉考試的內容增加了不少，短時間內讓很多學子無所適從，而廢除糊名法允許考生因名而上，則是科舉制度的倒退，可說是慶曆新政中的一大敗筆。

《答手詔條陳十事》的提出是在慶曆三年（一〇四三年）九月，十月時仁宗就下令根據「擇官長」之條，選任按察使去進行視察。各路按察使盡職盡責，對各地官吏的情況仔細考察後悉數上報，范仲淹彙集了所有的考察報告，親自閱讀研究，以確定官員的任免。只要看到報告上稱政績不佳或不合格的官員，就拿筆在官員名錄上把那人的名字劃掉。時任樞密副使的富弼在一旁看著范仲淹劃掉的名字太多，就好心提醒道，大人隨手劃一下容易，可一筆下去就要有一家人痛哭流涕了。范仲淹看到的是朝廷吏治如此混亂，嘆著氣回答，一家人哭總比那一個地方的人哭好吧。

新政中關於吏治的改革的確為宋朝注入了一些新鮮血液，但受到封建社會的局限性，依然過於依靠人的作用，最後的決定權集中在一個人手中，而沒有制度保障，很容易會讓事情受到辦事的人主觀意識的影響，從而產生不公正。過於嚴厲的手段也觸動了大批在任官僚的利益，使他們對新政和范仲淹等一批人有著強烈的不滿，為日後改革的失敗埋下了禍根。

任何一次改革都會從政治、經濟、文化等多個方面下手，慶曆新政的經濟措施是否能夠為百姓帶來福祉？讓我們拭目以待吧。

成為百姓之友

發展農業是立國之根本，這是從商鞅變法時就根植在國人心中的意識。民以食為天，任何一場改革都不能忽視人民最根本的訴求，所以必須解決農業生產水平落後、生產資源分布不公的問題。尤其是此時北宋的情況，宋朝的生產水準是中國歷朝歷代裡最高的，正如黃仁宇先生在《中國大歷史》中所說，進入宋朝之後，中國好像一夜之間跨入了現代。

在十一、十二世紀宋朝大城市裡生活，生活水準絕不會遜於世界上任何一個國家的一座城市。「**寶馬雕車香滿路，鳳簫聲動，玉壺光轉，一夜魚龍舞。**」辛稼軒《青玉案》中描寫的景況是宋朝歌舞昇平的真實寫照，當時偏安杭州的南宋朝廷都有如此的盛景，可想在國力最強的北宋，是何等的夜夜笙歌。

可就在這樣經濟空前繁榮，科技不斷發展進步的時代，無節制的土地兼併卻讓很多人流離失所。但從另一個方面來看，正是因為很多人失去了土地，才不得不流動到大城市，從事商業或手工業的生產活動。

此外，宋代官員待遇好是史學家公認的，朝廷奉行高薪養廉的政策，官員有俸祿還有「職田」。但是人的欲望畢竟是無休止的，貪贓枉法的事情還是時有發生。權力大的官員利用職務之便強制兼併土地，在成為豪強地主之後，又拒不向朝廷上報土地的真實面積，用以逃避稅賦。那些不願離開土地的農民就成為他們的佃戶，承受著地主轉嫁到他們身上的稅賦負擔，生活越發困苦。

范仲淹是個見慣民間疾苦的人，一心要為百姓做些實事。如果官員不能成為百姓之友，只是一心想著自己的利益，那國將不國。新政中特意提到了解決土地問題的方法——均公田。生產資源分配不均則收入必定不均，貧者益貧，富者越富。長此以往不同階級之間的矛盾必然尖銳，這也就是各地不斷爆發暴動的根本原因。

均公田的措施是把官員擁有的大片土地收歸國有，然後分配給沒有土地的人民。平均之下，人人都有了自己的土地，有了生存下去的希望，人們就會安穩的過日子，不再想著推翻現在的王朝了。這種政治設想是好的，但畢竟在新政頒布之前沒有充足的準備，也缺乏行之有效的推行制度，實際效果也不會好到哪去。

鼓勵農業的另一個措施是厚農桑，自國家建立到現在，近百年的時間裡不是在忙著整備軍事，就是在一次次對外戰爭中消耗資源。戰亂和自然災害使很多原本肥沃的耕地變得無法耕種，逐漸荒蕪。如果能整頓和重新開墾這些土地，國家的耕地面積則能夠增加不少，財政收入自然會相應地增加。

宋代與其他國家的貿易往來十分頻繁，每年有大量絲綢、瓷器透過海上絲綢之路源源不斷的運往印度和中東，再透過那裡的商人轉而銷往歐洲。農民失去土地之後，有些頭腦靈活的人就投身漕運，靠水吃水，買賣貨物從事商業活動。范仲淹認為要國家穩定，還是要多農耕，這當然是受重農抑商思想的影響。所以他要求勸課農桑，興修水利，以減少漕運。

新政一出，每個州縣都選出專門的官員來負責這件事，教農民如何興修水利，如何恢復耕地。這樣，江南的圩田，浙西的河塘，就都可以變為生產資源，分配給更多需要的人了。古代人口不像現在這般多，又沒有工業生產對自然大面積的破壞，不存在退耕還林的說法。治理河塘水田雖然破壞了自然環境，可畢竟光憑藉有限的人力造不成太大的損害，又能增加耕地，確實是解決土地問題的好方法。

如果范仲淹的思想能夠再具有一些現代性，他可能就會提出農副魚業立體發展的設想，河塘中養魚，塘邊種茶樹，一年的收成不再局限於土地糧食上，那麼中國歷史或許會從此改寫。可惜的是，農業為本商業為末的思想已經延續千年，這種思維的局限不是輕易就能打破的。

中央行總令，地方監督執行力

《十事》裡面的最後一個部分，是有關軍事改革。范仲淹的想法唯一沒有被皇帝採納的，就是這個部分。宋仁宗對府兵法抱有這樣敏感的態度，是有很深的歷史原因的。

盛唐剛剛建立之初，就定下了地方節度使的制度，官員被任命成為一方節度使後，在當地的權力就再也無人節制，時間一長，他們的位置還可以傳給子孫。地方長官如果要出征，只要留下一位部下鎮守，他的影響就可以在這個地方持續。所以唐經二百八十八年國祚而亡，不是亡在皇帝昏庸或外敵入侵，而是在於李淵和李世民定下的國家組織結構埋下了禍根。

在中央權力集中且手段強硬的時候，分散的軍閥不會興起大的波瀾。可是擁有前所未有的浪漫情懷的唐人，直到朝代晚期還在忙於抒情，根本無人有空餘的時間思考過祖宗之法是否還適應現在的形勢，即便在經歷了安史之亂之後，都沒能採取有效措施限制地方軍閥的勢力。

最後中央政府實際能夠控制的地區已少之又少，所以朱全忠並未多費一兵一卒就推翻了唐朝皇帝的統治。可這片爛攤子過於巨大，他也並沒有統一天下的能力，中國又陷入了四分五裂的境況，史稱五代十國。

但是這動亂只經過了五十四年，就為趙匡胤所統一，比起前後持續了三百年的魏晉南北朝時期，這次分裂的程度已經算十分輕的了。趙宋王朝吸取了唐亡的教訓，要從國家行政組織結構上杜絕軍閥坐大的可能性，於是才有了府兵法。

范仲淹的意思也不是要徹底廢除府兵法，只是要適當的減少白吃皇糧的守軍，讓他們在春夏秋三季去務農，只到農閒的季節裡去練兵。這樣可以省去很多應發的軍餉，還能增加糧食的產量，因應邊境戰事中的需要。

耕戰合一不失為是一個好辦法，但在其他人看來，國家時時處於戰爭的邊緣，軍隊本就是稀缺的東西，再要抽出一部分去務農無異於釜底抽薪。何況府兵法從建立之初延續下來，是國家最重要的根本之法，絕不能輕易改變。

在這個問題上范仲淹也沒有多加糾纏，他對這些問題也並沒有特別深入的考察，只是有一些模糊的想法。若不是宋仁宗下詔逼他提出改革之法，他也不會把這些還不夠成熟的想法寫出來。

改革派的影響力不夠，卻也為新政的推行訂立了制度上的保障。為保證新政中所有皇帝的恩賜得以在各地順利的推行，派人專門監管地方的改革事物，如果發現地方長官有違反新政的，要重重懲罰。派遣下去視察情況的官員都是富弼和范仲淹親自挑選的，他們的初衷是為了能真實的了解地方上對新政的反應。但是新政中許多內容很大程度上傾向普通百姓，但都是不被官員歡迎的，連帶著去考察的監察使也被地方官員排斥。這種中央和地方對抗的情況下，根本收不到良好的改革成果。

很多時候新法的實行不能成功，在於改革者對自己的思想主張都不能釐清。如同西漢末年王莽建立新朝後，上一條命令還未傳達到全國，下一條相反的命令又下來了。反復變更的錢幣式樣弄得國家經濟混亂，烏煙瘴氣。朝令夕改只能讓人們對新政產生反感，從而導致改革失敗。

改革綱領中特意對這一點做了規定，要求參政大臣要反復討論準備頒布的政令，把那些繁冗的條文都刪去，只留下最精華的部分予以推廣，以確保在頒布之後不會因為不符合情況而更改。

宋代徭役重，冗兵現象嚴重。前文已經說過，全國人口的二十分之一都在當兵吃皇糧。范仲淹在外征戰多年，對軍事方面的問題最有發言權。他認為現在的兵役制度會導致人口日益減少，而需要供養的士兵卻越來越多。給遼國和西夏的歲幣對宋朝構不成太大的影響，但在邊境戰爭時軍隊需要的補給則要耗費大量的人力物力，勞民傷財。而人民參軍之後除了軍事訓練再無其他的事情，士兵都是青壯年，這是一種極大的勞力浪費，如果他們能留在家鄉耕種土地，一定能生產出更多的糧食。

新政規定合併那些規模和人口比較少的縣，這樣徵兵的數量就能減少一半。每個州留有一定的守軍，其他不必要的和不應該服兵役的人都可以回家，專心務農。這對百姓來說絕對是福音，當兵雖然可以領軍餉，不用為生計擔憂，但畢竟背井離鄉，還經常有性命之憂。兵役在人口較少的時代一向是百姓之殤，尤其是戰亂頻仍時期。「可憐無定河邊骨，原是深閨夢裡人」，一旦進入軍隊，要想歸家談何容易。不用再背負如此重的徭役，可以專心從事生產活動，是古代人民衡量君主是不是英明的標準。

范仲淹的一系列措施都是建立在百姓的實際訴求基礎之上的，很多條款都切中了當時大宋王朝的問題，如果能夠被有效的執行，不失為一種強國富國的好方法。可惜歷史的大走向並沒因為幾個人的努力而改變，新政施行了不到半年，就遭到了來自各方面的詬病和阻力。

朋黨還是忠良？

中國古代史在分段的時候總喜歡把唐宋兩朝連在一起說，這樣分類不僅僅因為這兩個朝代在時間上很靠近，還在於這兩個朝代之間有很深刻的聯繫。唐太宗的得力諫臣魏徵說過，以銅為鑑，可以正衣冠，以史為鑑，可以知興替。宋朝統治者充分發揚了這一傳統美德，不管是制定國策和管理臣子都充分借鑑唐朝的經驗。

在晚唐時，文人士大夫之間曾經掀起一場慘烈的黨派之爭，史稱「牛、李黨爭」。這場爭鬥持續了多年，兩派人互相攻擊互相排擠，在皇帝面前極盡誹謗詆毀之能事。著名的晚唐詩人李商隱一生鬱鬱不得志，就是因為被捲入到這場黨爭之中的緣故。國家的統治者在實質上與企業的管理者相同，行業翹楚不是事必躬親，而是使手下各司其職，國家機器按照既定的軌道前進，統治者垂拱而治。要激勵手下有更高的工作積極性，適當的競爭是可以，但若是拉幫結派，形成朋黨之爭，這絕對是亡國的先兆。

到了宋代，朋黨這個話題極為敏感，大臣若是私自結黨，定會為謀一己私利侵害皇權。宋初制定法令之時，就特意提出一條，大臣決不可結為朋黨。古代尊師重道，進士及第的舉子通常要稱當科的主考官為恩師，自己則是主考官的門生。

當過主考官的大臣經常會從門生中挑選有用的人才，培養成為自己的親信，在政治上相互協助。但是宋朝明確下詔禁止這一點，任何考生不得自稱門生，也不能稱主考為恩師。

宋太祖、太宗、真宗和仁宗都是堅持這一點的，仁宗還多次下詔「戒朋黨」。在仁宗景佑年間，宰相呂夷簡曾經指責范仲淹結朋黨，把范仲淹貶黜到陝西去打仗。可以說，大臣結黨成派是不可避免的，但是絕不能讓皇帝認為這是在結「朋黨」，這兩個字是宋朝皇帝的禁忌，是統治者的底線。

如今新政正實施的如火如荼，觸動了很多官僚的利益。被罷相的呂夷簡懷恨在心，故技重施，控告改革派私自結為朋黨。他自己並未出面，而是聯合了一批同道中人。於是賈昌朝、夏竦、王拱辰等人暗中聯合，指使諫官錢明逸，上書誣陷范仲淹。文章中慷慨陳詞，信誓旦旦的說范仲淹等人拉幫結派，擾亂朝廷。說他們用人唯親，只把自己一派的人提拔重用，其他反對派都被排斥和陷害。

仁宗不是傻子，不可能因為這一面之詞就降罪范仲淹。於是呂夷簡看準時機，又指使皇帝身邊的宦官上疏，說被人稱為「四傑」的范仲淹、歐陽修、尹洙、于靖結黨營私，把持朝政。現在國家的重要部門都被他們的人掌控，朝野上下再沒有人能跟他們的勢力抗衡。

有了諫官的進言，老臣夏竦敲的邊鼓，這回連皇帝身邊最為心腹的宦官都開始在皇帝的耳邊吹風。仁宗不得不產生一點動搖，但也僅僅是動搖而已，令人唏噓的是，真正讓著動搖滋生為懷疑進而讓皇帝忌憚改革派的，竟然是改革派自己。

朋黨的事情鬧的沸沸揚揚，仁宗皇帝就趁著召見范仲淹議事的機會，想看看范仲淹的反應。皇帝知道范仲淹自詡為正人君子，就故意問他，小人為朋黨，君子也為朋黨嗎？范仲淹常年在西北打仗，個性裡沾染的不少西北民風中的坦蕩豁達，口無遮攔的說，當年他在戰場上時，經常看到勇猛善戰的人湊在一起，結為黨派互相扶持，而那些貪生怕死的人也會結黨。他還接著引申說，這朝堂上的黨派也分好的和壞的，皇上只要用心觀察，定能看出何人是忠良，何人是奸佞之徒。而好人結黨對國家是沒有壞處的。

這可真是哪壺不開提哪壺，范仲淹這話說的，無異於從側面印證了反對派對他們的誣告。皇帝最不願意聽的是朋黨兩字，他偏偏要說，還大言不慚的說結黨是好事。仁宗對新政的態度開始冷淡，對改革派也開始提防。

火上澆油的是，時年三十七歲的歐陽修覺得有必要詳細的向皇帝論述一下結朋黨的好處和壞處，就在慶曆四年四月，歐陽修向皇帝呈上了一分直抒胸臆的《朋黨論》。這文章寫得有理有據，夾敘夾議，是古代政治散文中的經典之作，後來被收入到《古文觀止》之中。

當年武則天在看到駱賓王所做《討武曌檄》「**入門見嫉，蛾眉不肯讓人。掩袖工讒，狐媚偏能惑主**」句時不但不惱，反而連連稱讚這是個人才。宋仁宗畢竟沒有這樣的胸懷，看了這篇全文不但不避諱朋黨，還大肆宣揚結黨正當性的文章當即大怒。歐陽修所謂「**退小人之偽朋，用君子之真朋**」，明顯就是承認了他們就是朋黨，不過是君子結成的朋黨，應該為皇帝重用。

看了這篇文章可把呂夷簡和夏竦高興死了，他們最會揣摩皇帝的心思，最清楚哪根龍鬚不能捋。年輕的歐陽修逞一時口舌之快，卻親手把整個改革派辛苦建立起的新政，推向了失敗的深淵。

反對派的反擊

唐宋八大家之一的歐陽修，在他的文集中收錄了一首五言詩〈重讀徂徠集〉，這首詩作於慶曆六年（一〇四六年）的一個秋夜，詩的內容如下：

當子病方革，謗辭正騰喧。
眾人皆欲殺，聖主獨保全。
已埋猶不信，僅免斫其棺。
此事古未有，每思輒長嘆。
我欲犯眾怒，為子記此冤。
下紓冥冥忿，仰叫昭昭天。

《徂徠集》是北宋仁宗時的國子監直講石介的文集，石介與歐陽修同是慶曆新政中的有識之士，尤其是石介。宋仁宗在召范仲淹回京的同時，把夏竦貶黜到地方去做官。要說這個夏竦也是頗有影響力的文學家，只不過這個人的胸襟不太寬廣。就因為石介認為范仲淹等人入朝是「眾賢之進」，夏竦被逐是「大奸之去」，便得罪了他。夏竦為了報這個仇，加上想把改革派從執政者的位置上拉下來，便製造了震動朝野的「石介富弼政變案」。

經過了關於朋黨問題的爭端，宋仁宗已經對范仲淹、富弼等人心存芥蒂了。慶曆新政實行的時間尚短，還看不出它的實際效果如何，可皇帝的變法之心，卻沒有以前迫切。這個時候石介遭到夏竦的陷害，使整個改革派都受到了致命的打擊。

其實石介跟這次變法並沒有什麼實際的利害關係，他完全是宋代越演越烈的文官鬥爭的犧牲品。在聽說富弼要行改革之事時，石介給富弼寫過一封信。裡面稱讚他們要做的事情是「行伊、周之事」，不知道是怎麼回事，這封信居然被夏竦拿到了。

夏竦立刻就想到，這可是一個絕佳的扳倒對手的機會。古代政治跟現代有異曲同工之妙，要想結束一個人的政治生涯，就要製造出大到讓時人無法容忍的政治醜聞。「水門事件」的出現是這個原因，克林頓和路溫斯基的醜聞被曝光是這個原因，此時夏竦要的也是這種把戲。

在古代，什麼事情是最為皇帝忌憚的？當然是謀反！

夏竦家裡有一個婢女，名字叫蕭娘。這女子身分雖然不高，卻才高八斗不輸男子，而且她有一手絕活，就是模仿別人的筆跡能夠達到以假亂真的地步。夏竦把信拿給蕭娘看，讓她照著偽造一封，不過把「行伊、周之事」改成「行伊、霍之事」，一字之差，用心險惡令人髮指。伊指伊尹，和周公一起提，信的意思就是你們是千古難得的賢臣，今日輔佐皇帝一定能成一番大業；霍指的是西漢的權臣霍光，欺君弄權，最終落得被滿門抄斬的下場，如果把周改成霍，那意思就是說改革派有謀反之心，意圖像霍光那樣隨意廢立皇帝。

光偽造信件缺乏說服力，還用石介的筆記偽造了一分廢立皇帝的詔書。夏竦拿著信件四處遊說，讓朝野上下都知道富弼和石介有謀反之意。反對的聲音逐漸從石介和富弼身上擴展到范仲淹和整個改革派，曾經因為歐陽修等人被罷相的呂夷簡捲土重來，開始和黨羽一起聲討富弼和范仲淹。

富弼意圖謀反的事情傳到皇帝耳朵裡，身邊的宦官早就被夏竦買通，趁機把偽造的書信呈到皇帝面前。難得宋仁宗是個頭腦清醒的明君，又對改革派比較信任，並沒有因此就立刻降罪，只是下令調查清楚。等拿來石介的筆記一對照，竟然完全一樣。皇帝嘴上說忠臣不會做此事，可也對改革派徹底失去了信心。

這樣危險的信號范仲淹不會看不懂，新政觸及了很多官僚的根本利益，讓朝中大部分人選擇支持呂夷簡和夏竦，要把他們排擠出中央。意圖謀反的罪名如果被認真追究起來，下場可是株連九族。

范仲淹反復思量，認為最好的辦法就是申請外放，遠離是非之地。正好這時候有個好機會，盤踞西北的西夏又開始蠢蠢欲動，范仲淹上書仁宗，請求回到邊境去擔任陝西安撫使，以戍守西北邊境。

皇帝同意了他的請求，范仲淹啟程後不久，富弼也離京去擔任河北宣撫使。年輕的歐陽修早就被派到了河東，于靖也上書自請外放，加上同樣丟了官的尹洙，曾經被譽為「宋初四傑」的改革派被迫各奔東西。

這當然不是最後的結局，即便離開了京城，范仲淹還是手握重兵的安撫使，反對派的目的是要打擊地他們再無還手之力，所以又開始了新一輪的毀謗與汙蔑。「三人成虎」，連聖人也免不了要犯偏聽偏信的態度，何況高處不勝寒的天子。

宋仁宗對范仲淹和富弼的態度也開始由最初的絕對信任轉向了懷疑和猜忌，而這個時候，宋朝和西夏達成了和議，曾經讓皇帝坐立不安的地方叛亂也陸續平息，放眼望去，仁宗看到的還是歌舞昇平的開國盛世。於是他開始覺得改革派的新政是在沒事找事，不僅沒有強國，還會把國家攪和的更亂。

沒過多久，富弼的岳父晏殊被罷相，范仲淹和歐陽修都是由他引薦的，從這點可以看出仁宗已經要開始徹底打擊改革派了。到了慶曆五年（一〇四五年）初，范仲淹和富弼被正式罷官流放，新法也被宣布廢除。進行了僅僅一年左右的慶曆新政，就這樣在各方的阻力之下宣告失敗。

就在這一年，被陷害的石介也被外放，就是歐陽修詩中所提到的「眾人皆欲殺，聖主獨保全」，然而朝中一片混亂之時石介已經臥病，此時更是病情加重，未等到任就死在了家中。悲哀的是石介死之後夏竦還覺得不解恨，又找了機會向皇帝上書說石介是假死，逃到契丹去幫富弼借兵了。仁宗半信半疑，下令開棺驗屍。中國人崇尚土葬，死後再被挖出來是極大的侮辱，後來因為參加石介葬禮的數百人聯名上書，才得以保全，但子孫家人也盡受牽連。

「**已埋猶不信，僅免斫其棺。**」歐陽修的一聲嘆息喚不回新政的成功，幸而史官忠實的記錄了事情的經過，讓後世能夠看到，有的時候，真理確實是握在少數人手裡。

慶曆雖敗，後繼有人

這場改革出現在宋朝的統治中期，這時國家的各方面事務都趨於穩定，社會的弊端逐漸顯露，讓掌權者得到了需要改革的信號。這場改革與之前的改革一樣，都是自上而下主動實行的政治改革。

這場改革雷厲風行進行了一年多，好像為積弱腐敗的宋朝帶來了一股清風。可惜新政也來去如風，很快消逝的無影無蹤。范仲淹被罷官流放，標誌著慶曆新政的徹底失敗，宋朝一夜之間又回到了改革前的狀態。

慶曆六年（一〇四六年）范仲淹被貶官到鄧州，就在這裡他又遇到了從前並肩作戰過的友人滕子京。當年新政開始不久時，反對派想透過打擊范仲淹的手下來阻擾新政，就向皇帝誣告當時在陝西作地方官的滕子京，和西部軍區的副總司令張亢挪用朝廷撥給軍隊的機要費。

聽這名字就知道，這筆錢有點像是撥給戍邊官員的私房錢，錢數不多，用途也沒有明確規定。針對這種模棱兩可的撥款的指控最不好查證，反對派是想要借助他們經濟上的過失打擊改革者，打擊新政。

范仲淹義憤填膺，上書皇帝為兩人辯護，甚至不惜以辭職來擔保他們沒有罪過。當時彈劾滕、張二人的御史中丞王拱辰也不示弱，也以辭職逼迫皇帝，而且還付諸了實踐，真的不去御史臺上班了。這不過是一場鬧劇，殊不料滕子京之前曾經上書批評仁宗在吃喝上鋪張浪費，仁宗當時表面上雖然接受，可心裡卻對滕子京產生了不滿，因次借著這個機會，就同意了王拱辰的上疏，把滕子京和張亢貶了官。

范仲淹遇見滕子京時，正是他被貶到巴陵來做官的第二年，他在當地重新修建了岳陽樓，於是請范仲淹為岳陽樓作篇文章。范仲淹本就因為新政失敗心中鬱悶，於是欣然提筆，要借此機會向天下人也向皇上宣告自己問心無愧，於是便寫出了「**先天下之憂而憂，後天下之樂而樂**」，「**不以物喜，不以己悲。居廟堂之高，則憂其民；處江湖之遠，則憂其君**」等文字。

范仲淹政治生涯最輝煌的篇章隨著新政的夭折而結束，接下來的時間裡，他只能懷抱著自己的理想，奔走在各個大小的官位上。直到病死在赴任的路上，享年六十四歲。

從宏觀的角度看這次改革，似乎從最初《十事》被提出時，這場匆忙而起的改革就註定失敗。缺少輿論的支持和對改革思想的宣傳，完全憑藉皇帝的支持強行推行新政是困難重重的。另外，慶曆新政主要針對的是北宋的冗官，可范仲淹並沒有關心那些被他罷免的官員應該怎麼處理，這些官員對新政的不滿日益聚集，才導致了最後新政牆倒眾人推的結局。

而且范仲淹提出的幾條措施過於嚴厲，照著他的要求去治理官場，宋朝上下一半的官員都要被撤職查辦。這雖是給死氣沉沉的北宋下了一劑猛藥，可這藥的副作用也太大，如果控制不好，就會造成整個社會的混亂。

政權是掌握在士大夫階層手裡的，可新政針對的人群就是掌握政權的士大夫，因此只憑藉幾個人的一腔熱血，是不可能動搖一個階級穩固的統治地位的。

從施政者的角度看，皇帝對新政的態度曖昧不明也是導致新政很快流產的重要原因。王夫之曾經說過，慶曆新政失敗，在於仁宗個性上的反覆無常。他耳根子太軟，改革派呈上《十事》時就熱血沸騰一心行新法；反對派上書潑一盆冷水就立刻冷靜下來懷疑自己的決斷。在得不到最高權力統治者絕對支援和信任的情況下，范仲淹不可能真正的把新政堅持下去，這場倉促開始的君臣合作早就註定了失敗。

范仲淹死了，墓碑上刻著仁宗親筆寫的「褒賢之碑」四字。在這之後的幾十年中，一直有前仆後繼的改革者尋找著變革的機會。他們的思想更完善，內容更豐富，更不滿足於理論研究階段，還著手在小規模地區進行改革試點。如經濟方面，郭諮在蔡州等地行方田均稅法，李參在陝西行青苗錢，范祥在陝西改榷鹽為通商法，包拯在三司改「科率」為「和市」（即朝廷按照公平價格購買農民要上繳的上供物資）等。這些都是慶曆新政的延續，由此可見，慶曆新政開啟了一個新的時代，讓宋朝文人開始看到改革的必要性。

二十幾年後，一個名叫王安石的人橫空出世，得到神宗皇帝的堅定支持，開始又一次變革。這次變革極具爭議，可也是中國歷史上最具現代思想，走在世界前列的改革。慶曆雖敗，後繼有人，范仲淹可以瞑目了！

第八章　王安石變法：「為天下理財」的金融體系

君臣協力下的現代化嘗試

北宋仁宗皇帝慶曆四年，施行了一年多的慶曆新政正式宣告失敗。宋初四傑去國離鄉，奔波在各自前途未卜的宦遊之路上。而這一年，一個來自江西臨川的讀書人來到了汴京，以第四名的成績進士及第，他的名字叫做王安石。

兩年以後，當范仲淹在巴陵郡揮毫寫下〈岳陽樓記〉時，王安石還只是個小小的知縣，但是在他眼裡，鄞縣地方雖小卻是他的政治舞臺，在這裡，他「**起堤堰，決陂塘，為水陸之利。貸穀與民，以激奔競之風，俾新陳相易，邑民便之。**」（《宋史・王安石傳》）百姓的稱讚令他信心大增，這個還未到而立之年的改革志士仰天笑道：「**我宰天下有餘！**」

中國人圖強變法的腳步從未停止過，窮畢生精力投身之中的改革家比比皆是。提起蜚聲中外的改革奇才，沒有人敢忽視王安石的名字。這場被稱為「王安石變法」的運動沒有得到人們預期的效果，沒能像商鞅變法那樣在二十年間就令國家稱霸天下。

但是王安石所設計的發展經濟的手段，提出的為天下和朝廷理財的思想，都在中國經濟思想史上熠熠生輝。王安石已經死了近千年了，關於他的人品和他的事業至今還是爭論不休、無法蓋棺論定。

慶曆新政之後的宋朝又陷入之前內憂外患的局面裡，土地兼併的局面越演越烈，國家財政年年出現赤字，遼國和西夏依然盤踞邊境虎視眈眈，這就是王安石出生時的社會環境。

王安石的父親也是個小吏，在年少的時候他隨父親去過很多地方，對慶曆年間的民間疾苦有很深刻的切身體會。在他進士及第後，又輾轉在各地做官，比起京城中被蒙蔽視聽的高官和統治者，他更早明白了宋朝百姓的貧困根源就在於毫無節制的土地兼併。

王安石為變法做過很多努力，早在宋仁宗嘉祐三年（一〇五八年）就上過萬言書，為皇帝詳細分析了宋朝天下的形勢和面臨的問題，以及他認為必須採取什麼樣的改革措施。這份上疏裡包含的改革思想極富現代性，讓今人看了不禁咋舌，懷疑生活在距今千年前的王安石，如何能產生這些現代化的經濟思想？

因天下之力以生天下之財，取天下之財以供天下之費，他甚至於已經接觸到了現代社會稅收制度的精髓。可悲的，是那位曾經一手促成慶曆新政施行的皇帝年紀已經大了，不再是那個一心救國的熱血青年。這份洋洋灑灑的建言書被淹沒在了無數政治檔案中，沒有在朝廷中激起一點漣漪。

直到治平四年（一〇六七年），剛剛登基四年的宋英宗趙曙病逝，十九歲的宋神宗趙頊即位，王安石才獲得了重視。趙頊並不是皇家的嫡系子孫，這個皇位本不該由他來繼承。他的父親英宗趙曙是濮安懿王趙允讓的第十三個兒子，可以說是旁系的旁系，庶出的庶出。但因為仁宗皇帝子嗣不旺，趙曙從小就被帶到皇宮裡撫養。後來乾脆被立為皇子，仁宗駕崩後，由皇后親自宣布遺詔，把皇位傳給這個過繼來的兒子。

由此可以看出宋朝的皇家教育是很成功的，不僅僅對作為國家繼承人的儲君要求很高，就連皇后也都深明大義，處處為社稷著想。研究宋朝的歷史時會發現一個有趣的現象，這個朝代被後人譏笑為積貧積弱的時代，可它的統治者幾乎都是勵精圖治一心為國的好皇帝。

而且從仁宗朝開始的接連幾位皇后都是具有卓絕政治眼光的優秀女子，相比較之前漢唐時期后妃指使外戚弄權導致王朝覆亡，宋朝絕對是個幸運的王朝。北宋大文學家蘇東坡在仁宗時捲入「烏臺詩案」，就是仁宗皇后救了他的命；後來在他和王安石激烈的政治交鋒中，又是因為英宗皇后的賞識保守派才能暫時獲勝。

英宗駕崩，神宗即位，英宗的皇后被奉為了皇太后。此時新皇帝已經成年，她不必承擔同朝聽政的責任，便暫時退出了歷史的舞臺，要等到哲宗即位後，我們才能再見這個北宋皇家女子的風采。神宗皇帝是英宗的長子，一直跟在父親身邊在深宮中長大，他當然知道這皇位來之不易。所以他更要勵精圖治，以告慰趙家列祖列宗的在天之靈。

登基的第二年，神宗改元熙寧，熙寧元年（一〇六八年）四月，他下令召「負天下大名三十餘年」的王安石入京，資以改革之事。王安石等待這個機會已經等得太久了，面對著這個比自己小二十七歲的皇帝，他深刻感受到自己必須抓住這個機會。王安石的名滿天下讓他成為了眾人眼中的大救星，彷彿只要他來了國家就能立刻富強，天下就立刻太平。於是王安石與皇帝一道，開始制定和向天下推行自己的新法。他把改革的重心放在經濟方面，提出了一系列大手筆極具創新意識的改革措施。

在今後八年裡，變法中圍繞富國強兵目標提出的法規被強力推行。王安石以「**天命不足畏，人言不足恤，祖宗不足法**」為變法宣言，銳行變法。不管如何眾說紛紜，但神宗皇帝卻一直堅定不移的支持著王安石。王安石的「三不足」也成了後世改革者信奉的金科玉律。

只要有了當權者的堅定支援，變法通常可以事半功倍。宋神宗是整個宋朝意志最為堅定，主張最為明確的君主。正是因為他的態度，中國歷史上影響深遠的王安石變法才得以推行。事實上，在變法的後半段時間裡，王安石並沒有擔任宰相之職，變法實際上是由神宗皇帝親自主持的。歷史不應該抹殺神宗皇帝的功績，在變法中神宗皇帝用過兩個年號「熙寧」和「元豐」，所以這場變法不應只是「王安石變法」，也是他們君臣協力的「熙豐變法」。

國家干預經濟

神宗皇帝支援王安石變法，並不就是說變法之路就能一帆風順。任何一個時候朝廷裡都會存在持不同政見的兩派，變法還未開始時，保守派的勢力就不看好這場變革。持反對意見的保守派領袖是德高望重的老臣司馬光和蘇軾，他們兩人在中國文學史上堪稱泰斗，蘇軾是唐宋八大家之一，司馬光則利用賦閒在家的時機完成了他的史學巨著，神宗皇帝親自賜名為《資治通鑑》。

這兩派的鬥爭貫穿神宗皇帝在位的整個十八年，直到宋徽宗年間朝野震動的餘波還未完全平息。蘇軾和司馬光都是心繫天下之人，他們的反對是因為擔心新法的推行會觸動國家的根基，引發更大禍患。這與慶曆年間反對派使用卑劣手段打擊變法的情況完全不同，這也是為什麼史學家往往對呂夷簡抱有鄙視的態度，卻從未有人懷疑過司馬光的人品。

經濟方面的改革是王安石變法的重頭戲，在萬言書中他就說過：「**自古治世，未嘗以不足為天下之公患也。患在治財無其道耳。**」這也就是變相的認識到了經濟不夠發達，國家便無法長治久安。

對此，司馬光有自己的看法，他認為天下的錢財都是有定數的，不在國家就在民間，要想增加國庫收入必須靠徵收重稅。這種思想明顯缺乏對商品經濟的認識，但也代表了當時大多數人的想法。王安石回答，善理財者，民不加賦而國用饒。

這句話深深打動了神宗皇帝。宋朝的皇帝對大臣的猜忌心重，都會親自參與財政方面政策的制定，以確保國庫裡的錢財不會因為手下的貪汙而縮水。皇帝每年都要親自過目國家的財政資料，包括一年金錢帛布的收入、供養軍隊的糧草開支。最高行政機構三司還要定期編訂《會計錄》來方便皇帝了解國家財政的運轉情況，這在宋代以前都是沒有出現過的。

神宗與王安石合力變法，第一個要解決的就是國家的經濟問題。宋初商業發展繁榮，民間商業活動十分活躍。在神宗年間幾次出現國家銅錢不夠的情況，用今天的話來說就是「通貨緊縮」，皇帝下令幾次加鑄銅錢，但宋代五銖錢的鑄造工藝複雜，投放的速度趕不上市場對流通貨幣的需求，於是中國最早的紙幣「交子」就在宋朝出現了。

王安石認為，國家的商業繁榮，可國家並沒有得到相應的收入，原因在於富商大賈壟斷市場，把國家應得到的錢財都提前搜刮走了。所以他推行了一系列調控經濟的措施，用宏觀手段干預國家經濟。這些措施就是「均輸法」、「市易法」和「免行法」。

宋朝軍隊數量多，在汴京戍守的禁軍人數也很大。加上皇室和京城官員，對各種物資的需求也十分龐大。為了保障京城需要的物資，朝廷在東南六路設立了轉運使，專門負責收集京城需要的東西，然後運輸到京城。

這些轉運使都是嚴格按照皇命辦事的官員，沒有什麼經濟頭腦。為了不違反命令，在國家大豐收，東西多價錢便宜的時候也不敢花錢多買一些留到以後用，只是買夠了文碟上規定的數量。而在遇上災年物價高的時候，需要的數量還是一樣的，要付的錢就多了很多。

古代是沒有電話的，如果需要的東西有什麼變動也來不及通知轉運使，在耗費了很大人力物力到達京城之後才發現東西不符合，只能在京城賤價拋售，國家的損失都便宜了收購這些物品的商人。均輸法就是針對這個問題，讓轉運使自主管理東南六路，統籌規劃需要買的東西，「徙貴就賤，用近易遠」，政府採購不再盲目浪費，有效的節省了開支。

市易法則是一種平抑物價的手段，同時也扶植中小型企業。政府在汴京設立了市易務，擁有一百萬貫錢的活動資金，收購商人手中賣不出去的貨物，再賒給小商販去販賣。這已經對小商販有很大的政策傾斜，除此之外國家還向小本經營的商人提供貸款，只要有財產作為抵押，五人以上互相擔保，每年只需上交百分之二十的利息。

這在咱們看來似乎有些高利貸的趨勢，但在古代，這種收取利息的比例是非常合理的。不過令人擔憂的是，古代資訊流通速度慢，商人們可能無法及時得到國家收購貨物的種類資訊，而這個問題則關係到市易法的成敗。所以市易法最初只在京城實行，後來才逐漸推行到其他北宋的重要商業城市。我們可以合理猜想，在京城的試點進行的還是較為順利的。

最後一種調控措施是免行法。這一法令頒行於熙寧六年，此時變法已經進行了五年的時間。在開封很多商戶都被要求向官府供應物品，很多時候需要商人用高價購買，民怨沸騰。免行法中規定商戶只要按照自己的收入水準向市易務繳錢，就不用再承擔這種官派的採購任務。宮廷如果要買賣物品，都要透過專門的機構，還要由專人估價。

總之這些經濟上的手段是要從管理規範商品交易的方面入手，規範整個國家的商品市場，讓國家可以參與到經濟中，減少財政開支，增加財政收入，以扭轉赤字的局面。王安石和神宗都不是經濟學家，但他們拋卻了重農抑商的思想，從調整商業上達到富國的效果。

理財當然不能忘了農業

王安石變法還制定了很多農業政策，為了解決困擾宋朝的土地兼併導致農民生活窮苦的問題。同時要發展農業生產，提高國家整體的生產力，達到富國的目的。針對這些問題的措施，王安石推動了「青苗法」、「免役法」、「方田均稅法」和「農田水利法」。王安石和神宗是以強硬的手段把行新法的命令推行下去的，並沒有在一定的區域內進行改革試點。

可以說他們的出發點是很好的，但是很難說王安石充分預料到了新法可能出現的問題，所以這些農業措施對百姓來說是福是禍，並不是個容易說清楚的問題。

還是先從變法的措施說起吧。農業理財措施裡最主要、爭議最大的是青苗法。這條法令在變法剛開始的熙寧二年就由條例司頒行，貫穿整個變法始終，給國家帶來不小的影響。但是青苗法不是王安石的首創，是他根據別人的經驗改良而來。

在宋仁宗年間曾經出現過這樣一件事，當時擔任陝西轉運使的李參看到當地百姓在農耕時節因為沒有錢從事耕作活動，浪費了大片土地，很多人流離失所，窮困而死。於是他想出了貸款的辦法，讓農民們先估計好自己今年可能的收成，按需要向官府借錢，等到糧食豐收，百姓有了收入的時候再把錢還給官府。這種錢就被稱為「青苗錢」。

王安石和呂惠卿受到神宗的禮遇共同制定變法措施時，就想到了這個前朝舊事。他們認為這種方法有助於農業發展，就制定了青苗法。以往，國家為了防止災年米價過高擾亂社會秩序，都會在豐年囤積糧食，在有不法商人哄抬米價的時候平價拋售，因此這種囤積糧食的倉庫稱為「常平倉」和「廣惠倉」。

這種物資儲備本來為的是防患於未然，但是糧倉裡的米又不能存放的太久，所以王安石認為可以利用這些米為國家創造些收入。於是把這兩個倉的米和錢財作為本錢，在每年正月和五月分兩期借貸給百姓。王安石之所以定這兩個時間段，是因為正月是播種的時節，需要大量的稻穀種子和錢財以雇傭勞力；五月則是糧食成熟前的時間，餘糧已經吃完，新糧還未成熟，這個時候也很容易產生饑荒。

青苗法貸款在原則上是自願的，政府不會強迫農民到常平倉裡借貸錢穀。但是只要有農民自覺實在需要了，就可以到官府去尋求幫助。

在回報率上王安石同樣採用了李參的辦法，徵收百分之二十的利息，這在古代並不算過分，而且比高利貸要划算很多。如果農民辛勤勞作，就一定能夠負擔的起。

出發點是好的，可在推行的過程中出現了很大的問題。「**以錢貸民，使出息二分，**

本以救民，非為利也。然出納之際，吏緣為奸，雖有法不能禁。」這是蘇轍對青苗法的評價，實際上王安石變法之所以遭到很多人的詬病，很大的問題來自於改革派的用人。地方官員為了向皇帝表示自己是堅定站在變法一邊的，都用盡各種辦法推行新法。最後就演變成了為了自己的政績逼迫百姓，甚至在沒有青苗，不需要青苗貸款的城鎮，也強行攤派青苗貸款。

韓琦是反對變法的，他在奏章中向神宗陳述了變法帶來的這些問題，這引起了王安石的強烈不滿。王安石脾氣耿直倔強、不知變通，認準的事就要進行到底。所以當朝就駁斥說，百姓願意貸款，在城鎮裡出現貸款有什麼奇怪。就因為韓琦的上疏使神宗為對變法產生了一點懷疑，王安石認為皇帝的魄力不夠，消極怠工表達自己的不滿，第二天就不去上班了。

另一個國家增加收入的方法是免役法，也稱募役法。新法規定不願意服兵役的人可以向官府繳納一定的銀兩，讓官府用這筆錢去雇人服役。那些沒有服役責任的官戶、女戶和寺院道觀，也要按照相應規定上繳一般的銀錢，稱為助役錢。免役法頒行是為了減少百姓的兵役負擔，讓不必要的士兵可以回鄉務農。即減少了國家對軍隊的負擔，也可以迫使那些享受免役特權的人家繳納錢款，讓社會分配平均一些，國家財政收入的項目增加一些。

另外還有每年對土地進行普查登記，並且根據普查結果徵收土地稅的方田均稅法；

獎勵開墾荒田興修水利的農田水利法，此法以「治水土」的方式發展農業，為農民提供更多的生產資源，以生產更多的社會財富。

方田均稅法和農田水利法都是比較常規的改革，所以並未遭到太過強烈的抨擊。青苗法和免役法則在朝野中激起了一片驚濤駭浪，變法的這些措施在當時社會到底引起了怎樣的社會效應眾說紛紜。但基本上可以肯定王安石的現代化嘗試並沒有使宋人的生活水準有太大的改變，甚至還比以前更加困苦。

由此王安石的名字和他的變法全天下盡人皆知，在後來太皇太后曹氏和皇太后高氏的堅持下，這位變法奇才被罷去相位，流放江寧任知府。在那裡有座賞心亭，上面不知誰提了一首詩，開頭就是「**青苗免役兩妨農，天下嗷嗷怨相公。**」這個相公指的就是當過宰相的王安石，也許他在看到這首詩時，會像當年商鞅逃亡時那樣仰天長嘆吧。

將兵法的推動

「**閨中少婦不知愁，夏日凝妝上翠樓。窺見陌頭楊柳色，悔教夫婿覓封侯。**」這首有名的閨怨詩反應的是唐代的生活狀況，也算是歷代強制兵役制帶給人民痛苦的一種真實寫照。唐朝時從軍的人不能隨便退役，一般二十多歲開始為國效力後，要到六十歲才能退役回家。唐人一般成婚很早，丈夫去從軍了，妻子就只能留在家裡獨守空閨。

這種社會現象影響到了文學創作，也就產生了唐詩中占有重要地位的閨怨詩。杜甫的〈新婚別〉反映的同樣是朝廷徵兵對年輕夫婦的影響，成婚第三天丈夫就要上戰場，留下嬌弱的妻子奉養公婆操持家務，所以她們才會哀怨，才會說「悔教夫婿覓封侯」。

這種狀況到了宋朝並沒有好轉，而且越演越烈。冗兵是宋朝積貧積弱的主要原因之一，朝廷為了隨時做好打仗的準備，無限制的徵兵。北宋初年實行的更戍法則把事情弄得更加複雜，為防止軍閥割據，武將擁兵自重，將領帶兵的時間不能過長，採取輪換的制度。而且要調兵的時候還要有層層的審核和手續，久而久之，將軍都變得不會調兵遣將，和士兵之間難以產生默契的配合。

軍隊裡還有很多其他問題，究其原因是國家土地政策造成的。因為土地兼併嚴重，農民生活不穩定。在荒年的時候，會產生很多流民，擾亂社會的治安。國家為了解決這個問題，只好把這些流民招募到軍隊裡，吃皇糧解決他們的生計問題，稱為「兵賑」。

無所事事的流民到了軍隊裡，除了打架鬧事擾亂軍紀，只怕幹不出什麼好事來。而且這些人都是從小從事農耕業的，連馬都不會騎。這樣只靠一些十分混亂的兵器上戰場的軍隊，根本就不是北方游牧民族鐵騎的對手。

針對這些問題，變法的措施是裁兵法、將兵法、保甲法和軍器監法。首先用裁兵法整頓廂軍和禁軍的數量問題。之前士兵服役的時間過長，吃皇糧一吃就是幾十年，再富有的國家也受不了。於是新法規定，士兵到了五十歲必須退役回家，從事農耕或者其他行業。第二個措施比較像現在軍隊裡的定期考核，對現役軍人進行戰鬥能力等方面上的測試，禁軍裡不合格的降為廂軍，廂軍裡不合格就被開除出軍隊。

數量減少後就要著手抓品質了，熙寧七年（一〇七四年），王安石開始推行將兵法，廢除了宋初制定的更戍法。把北方的各路軍隊分成一百多個部分，分別設置了正副將各一人，而且命專人挑選了武藝好又有戰鬥經驗的軍官負責這一路的軍隊訓練。在推行將兵法的地區，國家要求州縣官員不能干預軍政。這意味著北宋要改變重文輕武的施政綱領，讓將領和軍隊相對固定，互相熟悉，以便能更好的配合，增加軍隊的戰鬥力。

另一條保甲法的實施主要針對的是鄉村住戶，把人家分成每十家成一保，後來又改成了每五家一保。五保為一大保，十大保為一都保。只要是家裡有兩個男丁以上的住戶，都要貢獻一人為保丁，任命住戶中最有錢的人和最有能力的人擔任管理者，和政府派來的保人戶相互監督相互牽制。

在農閒的時候由官員負責，把這些人集中起來進行軍事訓練，讓他們學習武藝，在晚上的時候要輪流值班，維護村子的治安。這個舉措其實是在鄉村裡建立小型軍隊，由國家派人控制，防止對國家不滿的暴動發生。這樣一來形成了村民自治，既可以保證治安，還省下了軍費開支。

除了保甲還要保馬，中原漢族之所以在對外戰爭中屢屢失敗，弱勢就在於兵種不同。騎兵和步兵的戰鬥力根本不可同日而語，而馬匹在中原是非常稀缺的資源。漢朝剛剛建立時，皇帝所用的御用車隊裡，都找不到四匹顏色一樣的馬。

當時想要對付兵強馬壯的匈奴人的難度可想而知，劉邦只能派出很多公主和親，以換取邊境的和平。經過三代皇帝的休養生息，到了漢武帝時有財力建立強大的騎兵，以衛青、霍去病為將軍，把曾經飛揚跋扈的匈奴趕到漠北。讓逐水草而居的游牧民族只能哀傷的吟唱：「**失我胭脂山，使我嫁婦無顏色，失我祁連山，使我六畜不蕃息。**」

到了宋朝，國民生產總值比漢朝時多了不知多少倍，軍隊更是有一百多萬，但是戰馬卻只有十五萬餘匹。為了鼓勵民間養馬，政府特意提供馬匹，或者出錢給人民購買馬匹，每戶一匹，富戶兩匹。不過如果馬被養死了，這錢就要由養馬的人賠償。不久就流行起了馬瘟，很多馬匹都死了，百姓喪失了工作還要賠錢，怨聲載道，最後國家只好下令廢止了保馬法。

工欲善其事，必先利其器。想打仗就得有好兵器，後來王安石又設立了軍器監，專門負責製造武器。還招募了很多工匠，致力於改良宋朝軍隊的武器。

這一系列措施確實在很大程度上解決了北宋冗兵的難題，王安石變法旨在富國強兵，重點在於富國。由於富國方面的措施過於前衛，引來了很多抨擊和反對的聲音。對於他的軍事改革人們就沒有那麼重視，可這也不是說新法推行就不會受到曲解和阻撓。總之因為年代的久遠，我們已經不太能夠確知王安石變法的真實狀況，能夠確定的只有一點，這些創新和有針對性的政策確實給這個積貧積弱的國家帶來了不小的震動。

取士：貢舉、三舍是對教育的創新

清代吳敬梓所作的諷刺時事的著名小說《儒林外史》，是中國小說史上的經典，其中范進中舉的故事更是為我們耳熟能詳：參加科舉考試的讀書人范進在中了舉人之後興奮不已，甚至於險些昏死過去。小說使用誇張的手法，反映了當時的科舉制度對讀書人的摧殘。

在慶曆新政中已經提到過，中國的科舉制度產生於隋朝，之後逐漸發展，到了明清兩代，科舉取士已經飽受詬病。儒家思想成為統治階級控制人民的手段，科舉考試只是為了考察學子對四書五經熟悉程度，八股文的形式禁錮了文學的天馬行空和行雲流水。

教育是國之根本，科舉考試是為國家選拔和培養統治階級人才的重要部分。在唐朝和宋朝前期，科舉考試分為進士和明經，進士科考察內容是詩賦，而明經科考察學子對儒家經典的熟悉程度，說白了就是默寫填空，難度比較低。

一般來講應試詩都沒有什麼新意，不過也不乏一些優秀之作。較為著名的例子是唐朝著名詩人錢起，他流傳極廣的一首詩〈湘靈鼓瑟〉就是在參加省試的時候所作，因為最後一句「**曲終人不見，江上數峰青**」的悠遠意境獲得了考官的青睞。

在慶曆新政時，范仲淹首先認識到科舉為國家選拔的是政治人才，詩賦作的好不好是一個人的文學素養的問題。就如同「謫仙人」李白，若是作詩人，絕對無人能出其右，可若是真的讓他參與國家政策的制定，也不一定能有多大的作為。所以慶曆新政中提出把經義考試提前到詩賦考試之前，在慶曆新政失敗後，這一改變隨即被廢除。

王安石變法中同樣有改革教育的條款，三舍法、貢舉法和三經新義，措施雖然不多，但也有效的滌蕩了宋朝科舉制度的弊端。王安石認為當時的科舉制度是「**今以少壯時，正當講求天下正理，乃閉門學作詩賦，及其入官，世事皆所不習，此乃科法敗壞人才**」，所以必須改革。

首先要改革的便是教學制度，所謂三舍法，意思是把太學生分為外舍、內舍、上舍三等。太學是國家的最高學府，地位比今天臺、清、交、成還高出許多。太學制度由來已久，在漢朝時讀書人就以曾入太學學習為驕傲。中國古代最傑出的教育家當屬孔子，教學思想中推崇小班教學和學生自主學習。三舍法即是把學生分成幾等，開始有班級的雛形。後來地方官學也推行三舍法，並且在學校裡就對學生進行各種考核，相當於模擬考試。

熙寧四年（一〇七一年）二月，國家頒行了貢舉制，貢舉制規定廢除明經，專門開進士科取士。為了培養更多的法治人才，開特意開設了「明法科」，鼓勵學子多學習律令和斷案，為以後在地方為官做準備。

「**欲一道德則修學校，欲修學校則貢舉法**不可不變。」要統一人民的道德觀價值觀，就要修建學校，要修建學校就要改革原有的科舉制度，所以三舍法和貢舉法開始頒行。這一做法確實有實際的意義，對培養官員有很大作用，因此得到了大多數士大夫的支持，就連一直對變法持反對意見的司馬光也認為「**悉罷詩賦及經學諸科，專以經義論策試進士，此乃革歷代之積弊，復先王之令典，百世不易之法也。**」從這點也可以看出，司馬光和王安石都是傑出的政治家，並非是睚眥必報的小人，他們的分歧只在所做的事業上，和對方這個人無關。

在頒行貢舉制的第二年，神宗提出既然改革了原有的科舉制度，也應該重新編寫教材，即對儒家經典進行新的注疏。此時士大夫已經對漢儒對儒家經義的注疏產生了懷疑，皇帝於是任命王安石提舉經義局，與呂惠卿、王安石的兒子王雱一起重新注疏儒家經典。

在做這番工作的時候，王安石特意立下了幾條原則，首先是要破除偽說，把儒家的《詩》、《書》、《禮》、《義》等書注解的更加具有時代精神。第二要廢除漢儒注疏時的繁瑣章句，恢復經文的本文，以防因為注疏過長喧賓奪主，反而影響學子對原文的理解。第三是要闡明經文義理，即加進宋朝理學思想。這項工作歷時三年終於完成，把《周官新義》、《詩經新義》、《書經新義》合稱《三經新義》，在全國範圍推行，成為讀書人必備的教科書和考試大綱。

對儒家典籍的理解本應是見仁見智的事情，把一人的思想強加於全國學子的身上，本身就是禁錮思想的一種行為。而由於王安石在變法期間在全國的影響力，無人敢反對他的注疏內容，造成了在科舉考試中「而經義不合王安石，則有司不敢取」。經過九百多年統治者的發揮演化，到了明清科舉制度就變成了一種人人痛恨之，人人又為之癡狂的「雞肋」，究其始作俑者，大概就是王安石。

來自保守派的阻力：以身作證

林語堂先生在他的著作《蘇東坡傳》中對王安石變法有過十分詳細的介紹，他還就王安石變法時改革派和反對派的陣容列出過一個表格。透過雙方力量的對比我們可以很直觀的看到，變法實行時反對的力量有多麼強大，宋神宗為了支持變法付出了多麼大的努力。

從熙寧二年（一〇六九年）二月新法推行之初，青苗法、免役法等主要措施就遭到了士大夫極大的反對。司馬光在第二年給王安石寫了三封長信，在〈與介甫書〉中他批評王安石的一系列措施是「**盡變更祖宗舊法，先者後之，上者下之，右者左之，成者毀之，棄者取之，矻矻焉窮日力，繼之以夜不得息**」。並且說新法在經濟上的一系列措施不僅沒能給國家帶來富足，還奪取了商賈贏得的利潤。在司馬光看來，具有現代因子的青苗貸款根本就是讓天下人愁苦的根源，要收取的利息更使人妻離子散，家破人亡。

司馬光還認為成事者最重要的在於虛心納諫，可王安石絲毫聽不進去別人對新法的一丁點詬病，對那些出於好意上書陳述新法弊端的人不是詬罵就是譏諷，要不就是上書皇帝把這些人趕出京城。在他的筆下，新法「侵官」、「生事」、「征利」、「拒諫」、「致怨」，所以他要求王安石立刻廢除新法，恢復舊制。

作為回應，王安石寫了〈答司馬諫議書〉，頗具風度的說，如果先生是責怪我任宰相這麼久，沒能幫助聖上有大作為，沒能為百姓謀福利，那我知罪。但如果先生要我恢復變法，守著以前的陳舊制度，那我可不敢苟同。

這兩人都是固執己見的人，誰也不肯讓步。此時變法剛剛開始，神宗皇帝還未對新法產生懷疑，堅持變革的態度十分堅定。司馬光和王安石道不同不相為謀，又無力阻止變法的實行，只好暫時辭職隱居洛陽，專心編纂《資治通鑑》。

司馬光走了不代表無人再對變法提出異議，保守派的力量依然很強大，看看名單就知道，宋朝的元老重臣韓琦、富弼、歐陽修、張方平，才名滿天下的蘇軾、蘇轍兩兄弟，甚至於王安石的兩個親弟弟，王安國和王安禮都是堅定的反對變法的。

相比之下，能幫助王安石的人就少的多了，因為王安石的古怪脾氣，經常得罪朋友，最終把身邊的人一個個都變成了敵人，而跟著他變法的除了他的兒子王雱外都是一些勢利小人，如呂惠卿、李定、鄧綰等。尤其是呂惠卿，最終王安石的徹底失敗，正是由於他的出賣。

王安石的家人都不喜歡呂惠卿，尤其是王安國，經常警告王安石遠離這個小人。據說王安石在家裡和呂惠卿討論變法的事情的時候，王安國就在屋外面吹笛子，聲音太大影響了兩人說話，王安石就向屋外的弟弟嚷道：「**停此鄭聲如何？**」

王安國也不示弱，反脣相譏：「**遠此佞人如何？**」驅鄭聲，遠佞人是孔子對人們的教誨，此時倒成了兩兄弟互相譏諷的材料。在新法遭到社會各界的抨擊時，王安國曾經提醒王安石，讓他收起自己的剛愎自用，「**以天下洶洶，不樂新法，皆歸咎於公，恐為家禍。**」古人的家族觀念是很重的，一人若是犯了重罪，很可能殃及整個家族。所以當王安石我行我素已久時，無可奈何的王安國只好跑到王氏家廟去向祖宗請罪，哭訴只怕整個王家都要毀在王安石的手裡。

熙寧六年（一〇七三年）華山發生了山崩，繼而全天下開始大旱，從夏天到第二年的春天都未下過雨。古人相信天人合一，認為自然氣候的反常是因為皇帝失德。保守派紛紛上書，認為是變法有違天意才以大旱懲罰世人。神宗去諮詢王安石的意見，王安石說旱澇是天災，和人的活動沒有關係，在堯舜時期也有大旱和水災發生。不能因為這個就認為是新法不好。

在這個時候，看守宮門的小吏中有個名叫鄭俠的，畫了幾幅圖畫呈給皇帝和兩宮太后。畫上畫的是當時流民的狀況，有的帶著鐐銬，有的在吃樹皮草根。這樣直觀的看到民間疾苦，令兩宮皇太后覺得觸目驚心。宋朝的皇宮裡，皇帝的母親和祖母通常對政局有很大影響力。所以當自己的祖母和母親一邊垂淚一邊細數新法的弊端時，神宗皇帝也只能妥協。朝廷中甚至有人說，天之所以大旱就是因為王安石，只要王安石離開京城，自然會下雨。

於是王安石被外放到江寧任知府，這是他第一次罷相。巧合的是，王安石離開後，天果然下雨了。不過在堅持改革變法這一點上，神宗比仁宗皇帝的態度堅定的多，第二年神宗就找了個理由又把王安石找了回來，重新主持變法。

此次變法的步子的確過於大了，負責執行變法的人也沒有深入理解王安石的意圖，為了自己的政績讓百姓怨聲載道。這些在王安石看來都是「悠悠之議，並不足恤」，神宗皇帝開始對變法進行反思，他也意識到有些政策確實不適合當時的社會形式，在元豐年間他逐漸廢除了新法中的不善者，臨死前還廢止了方田均稅法。

變法後期北宋朝廷關於變法的爭端逐漸演變成了黨派之爭，後來王安石的命運幾經沉浮，蘇軾被流放嶺南，都是這場紛爭造成的惡果。

靖康恥誰之過？

王安石個人的操守無可厚非，但卻絲毫沒有識人之術，最終就是敗在這一點上。王安石被罷相，呂惠卿還在朝中，為了能徹底的取代王安石的地位，呂惠卿先是陷害了王安國，之後又企圖把王安石也牽扯到謀反的罪名中。

幸而皇帝很快查明了真相，在熙寧八年（一〇七五年）二月，王安石得以重返中央。王安石的兒子王雱和呂惠卿一向不和，此次更是有了對呂惠卿發難的藉口，於是和鄧綰暗中合作，控告呂惠卿勒索商人的錢財，數額達到五百萬緡，每緡是一千文銅錢，五百萬緡絕對不是個小數目。

如此大的數目朝廷自然不會坐視不理，呂惠卿被革職查問，關在御史臺的監獄中等候發落。王安石是君子，他身邊的人卻一個比一個小人，狗急跳牆的呂惠卿使出了殺手鐧，把他和王安石的來往書信交給了皇帝。

在這些書信裡有的寫著不要讓皇上知道這封信的話，欺君之罪大逆不道，神宗為此大怒。王安石憋了一肚子氣，只好回去訓斥自己的兒子。王雱萬萬沒有想到呂惠卿手裡握著自己父親的把柄，否則無論如何也不敢向他發難。此時又急又氣，加上被父親一頓訓斥，一下子病倒了，沒過多久就不治身亡。

王雱是王安石唯一的兒子，白髮人送黑髮人的痛楚未經歷過的人根本難以體會。王安石是信佛的人，此時對這紛繁的世事開始厭倦，熙寧九年（一〇七六年）十月，他辭去宰相之位，退居金陵。

之後天下又開始大旱，迷信的古人認為是年號出了問題。熙寧二字的「熙」下四點代表火，在烈火下炙烤，天下必然大旱。所以從西元一〇七八年開始，神宗改元元豐，寓意天下豐收國家富足。王安石辭官，神宗改元標誌著王安石變法進入了第二個階段，即由神宗為變法主體的階段。

神宗接手變法後內容頗有轉向，側重的方面從富國逐漸轉向了強兵，把施政的重點轉到了保甲法、保馬法和將兵法。另外他還對官制進行了一些改革，史稱「元豐改制」，雖沒有從根本解決北宋政治制度上存在的問題，也對當時行政效率的提高有了一些作用。

新政又繼續推行了八年，元豐八年（一〇八五年），神宗病逝，哲宗即位，改元元祐。哲宗皇帝才剛剛十歲，國家政事由英宗的皇后，此時的太皇太后高氏主持。太皇太后是反對變法的，保守派領袖司馬光得以還朝出任宰相，徹底廢止了新法，史稱元祐更化。後來人們習慣於把支持變法的人稱為熙豐黨人，把反對派稱為元祐黨人，就是從此而來。

自此，後世對王安石變法褒貶不一，即便在兩宋期間，各個皇帝對變法也持了不同的態度。哲宗皇帝親政後又開始打擊反對派，徽宗即位後一開始秉持著不偏不倚的中立態度，而後在蔡京的鼓動下，改元崇寧，表示崇尚熙寧年間的政策，又開始實行變法。

蔡京也算是與呂惠卿一脈相承的小人，他所以支持改革不過是為了借變法之名中飽私囊。經過這麼一折騰，國家更加混亂。偏偏宋徽宗又是個只知醉心風花雪月、琴棋書畫的藝術家，根本無心過問這些民間疾苦。因此有人說，北宋亡，就亡在了王安石變法上。在靖康之變發生的前一年，楊時上書稱王安石和蔡京一樣是國家的蛀蟲，是亡國的佞臣。

遷都杭州後，士大夫都對靖康之恥耿耿於懷。「**靖康恥，猶未雪，臣子恨，何時滅。**」岳飛盼望著有一天能夠「踏破賀蘭山缺」，收復失地，救回被困在北地的徽、欽二宗。而南宋的皇帝則都在責怪王安石，認為他的變法令國體混亂、國家孱弱。

客觀的說，王安石變法對國家還是有一定好處的。傾國家之力打造為天下理財的金融體系，是王安石的獨創。經過他多年的努力，國家財政上的困境確實有所好轉。熙寧六年的青苗錢利息達二百九十二萬貫，熙寧九年的免役寬剩錢（即支付役錢後的純結餘）達三百九十二萬貫，兩者相加約七百萬貫。

到了元祐年間，朝臣在廢除新法的同時也對國家財政進行了評估，認為變法的十八年間增加的收入足夠國家繼續使用二十年。正因為如此，徽宗才有財力揮霍無度，過著夜夜笙歌的奢靡生活。

但是對於一般百姓來說，新法的實行確實沒有帶給他們便利，就拿免役法來說，原本四、五等的貧戶是不用承擔差役的，實行免役法後，反而要他們繳納銀錢。這些錢對上等富戶來說不算什麼，可一般農民家就是很大的負擔。也難怪會出現「**天下洶洶騷動，慟哭流涕者接踵而至**」的悲慘情形了。

變法之所以失敗，一是敗在王安石對新政的實施操之過急，最終造成了事倍功半；二是王安石選用的官員都是些私心極重的小人，他們關注的不是天下黎民，而是自己的榮華富貴。當然這只是表面上的原因，最根本的原因還是在生產力水準不夠高的情況下，過於現代化的經濟措施只能導致失敗的結局。

改革先鋒的「衣冠塚」

中國史學提到歷代的變法時，都喜歡用變法人的名字來為轟轟烈烈的變法運動命名。例如商鞅變法，李悝變法，北魏孝文帝變法。變法雖然是一個國家一段時間裡整體的政治行為，卻是因為某一些具有卓絕思考能力和創新能力的人才的努力。他們有的是為了出人頭地，有的是為了鞏固自身的統治，不論動機如何，最終目的都是富國強兵，著眼於整個天下。我們的歷史正是因為有了這些名字的點綴，才變得熠熠生輝。

要介紹王安石變法，有必要專門說說王安石這個人。與其他變法者或多或少的追名逐利相比，王安石堅定實行他的變法確實是為了把自己的思想付諸實踐，實現政治理想。在政壇上王安石和司馬光一生都處在對立的兩派，可他們互相從未懷疑過對方的道德品質，不管是金錢上還是個人道德上都從未受到別人的指責。

王安石生活很簡樸，從不講究吃穿用度方面的排場，也可以說，他根本不關心這方面的事情。有幾次王安石去別的大臣家赴宴，回來之後，請客的人對他的夫人吳氏說，原來王大人喜歡吃鹿肉。吳氏很好奇，問他們怎麼知道的。這些人說，在吃飯的時候王安石只是一味的吃面前的那盤鹿肉，對其他的菜看也不看一眼。夫人瞭然的說，下次你們把其他的菜放到他面前再試試。於是下次吃飯的時候，主人故意命人把鹿肉放在了離王安石比較遠的地方，結果王安石還是只吃面前的菜，又對鹿肉不聞不問了。

而在生活作風方面，王安石和司馬光同樣是潔身自好。王安石的夫人曾經為他娶了一個小妾，王安石知道後，問是怎麼回事。小妾說自己的丈夫是軍中管理官糧的一個小吏，後來遇到事故，一船的麥子都沉了，丈夫沒有錢賠償，只好把妻子賣掉了。王安石知道後，派人找到了這個女子的丈夫，讓他們夫妻團圓，還告訴他們不必退還買小妾的錢。司馬光也曾遇到這樣的事情，也做了相同的選擇。

在宋朝士大夫家庭養小妾和歌姬並不是什麼大逆不道的事情，陪伴在蘇軾身邊二十多年的朝雲就曾是蘇家的家妓。而大文豪歐陽修還曾經因為一句曖昧的情詩「彼時相見已留心，何況到如今」被牽扯到一起官司中去。相比之下，王安石真稱得上是坐懷不亂的柳下惠了。

在宋朝的幾個著名宰相中，王安石是出了名的脾氣古怪，不修邊幅，按現在的眼光來看，他的偏執帶有一點專心搞研究的書呆子氣質。王安石是宰相，北宋稱宰相為相公，所以時人給他起了個外號叫「拗相公」。

在宋人的話本中有一則故事以此命名，說的是王安石罷相後借宿在一個老婦人的茅屋裡，第二天一早，聽到婢女呼家裡養的豬為拗相公，養的雞為王安石。一問緣由，才知道是因為王安石的新法擾民，百姓對此多有怨懟，對提出新法的王安石恨之入骨，才給家裡養的雞豚都起他的名字。

故事自然是虛構的，胡適先生曾說這是反對王安石的元祐黨人故意編排的。不過話本是能夠真實反映當時社會的風貌的，可以推斷王安石變法中青苗、免役兩法確實給宋人的生活帶來了不少的困擾。

因為偏執的堅信著自己的變法措施是天下最好的，不論誰向皇帝報告新法的弊端，王安石都能夠找到理由說這不是法度的問題。《宋史・王安石傳》中記載，保甲法施行後，開封府地區有百姓為了逃避保甲故意把自己弄成殘疾，當時任知府的是王安石老朋友韓維，當年正是因為他的引薦，神宗才了解到王安石的才華的。

韓維向皇帝上書告知了百姓對新法的反對，神宗就去問王安石，王安石對此不屑一顧說：「**此固未可知，就令有之，亦不足怪。今士大夫睹新政，尚或紛亂驚異，況於二十萬戶百姓，固有愚蠢為人所惑動者，豈應為此遂不敢一有所為邪？**」他把這樣悲慘的事情說成是百姓的愚蠢舉動，無動於衷。

偏偏反對派的領袖司馬光也是這種個性，還讓蘇東坡給他起了個外號叫司馬牛。可想而知，這兩個固執的人湊在一起，還處在對立的立場上，誰也不可能說服誰。實際上他們都是為了國家的利益斷頭流血在所不辭的人，王安石具有超出時代的經濟頭腦，甚至提出了國家發放小額貸款這樣刺激經濟的措施。但疏忽在於空有想法缺乏對細節的關注，國家沒有調查百姓的經濟狀況，沒有讓他們提出固定的財產作為抵押，只是強制的把錢塞到一頭霧水的人民手裡，勒令他們按時連本帶利還錢。

王安石中年得志，一生兩次罷相，晚年愛子病逝讓王安石心灰意冷，主動請求退居金陵，也就是現在的南京，不再問政事。《觀林詩話》中記載王安石在自己的住所「**書**

窗屏間雲：『當時諸葛成何事？只合終身作臥龍。』蓋痛悔之詞」。

眼看著自己半生心血在元祐更化中被盡數廢除，身心俱疲的王安石只能作這樣的嘆息。他的變法失敗了，留下這身後一片罵名。但是歷史的車輪還要繼續向前，人們對美好生活的追求永遠不會停止，變法的腳步也永遠不會停歇。

第九章　張居正改革：傳統貨幣體系的重建

最奢侈的王國，最複雜的大明

明朝，是由漢民族建立的最後一個王朝。從一三六八年太祖朱元璋建立明朝，到一六四四年清軍入關，國祚延續了近三百年。有資料證明，在一五〇〇年到一七〇〇年這兩百年間，整個北半球剛好處在一個相對寒冷的時期，所以明朝建國的這三百年，談不上風調雨順。但儘管如此，比起之前的歷代王朝，明朝的國力和生產力還是大大增強了。人類社會一直在發展，生產力的進步是大勢所趨。

明朝建國之初曾有過一次震驚世界的壯舉——鄭和下西洋。明成祖朱棣登基後，一方面為了彰顯大明朝的國力，另一方面為了尋找傳說中流亡海外的惠帝朱允炆，派遣宦官鄭和帶著浩浩蕩蕩的船隊，先後七次在歐亞大陸沿海地區宣揚國威。

鄭和的足跡最遠到達過非洲，他還從遙遠的地方帶回了中國古代傳說中象徵著吉祥的神獸「麒麟」，明成祖非常高興，命人為之畫像留念。因此今天的我們可以看到，令明朝人津津樂道的進口麒麟，就是長頸鹿。

鄭和的下西洋是古代中國人對世界的探索，也是讓世界認識大明朝的宣示。可惜的是，在鄭和第七次回到明朝後，王朝的大門緩緩關閉。從此，陸地之外的海洋世界與天朝無關。

在中國歷朝歷代的開國皇帝中，只有明朝的開國皇帝朱元璋出身最為貧賤。其他龐大帝國的締造者，不是有錢有勢的地主階級就是皇親國戚，就連最為厚顏薄恥的無賴劉邦，至少也是堂堂大秦帝國的政府公務人員呢。唯有朱元璋，出身窮苦，小時候要過飯，當過和尚，當過放牛童。

可能是因為小時候受了太多的苦，朱元璋當上皇帝之後，為修建他的都城極盡奢侈之能事。南京城的城牆長度近五十公里，每塊磚石上都刻有燒製人的名字，哪塊磚損壞了，就要問燒製人的罪。因為這樣的嚴苛，南京的城牆得以在悠悠的歲月和慘烈的戰爭中保留下來，伴著荒煙蔓草，訴說著歷史的變遷。

這座城牆所圍起來的城市，可以讓飛機在其中起降，在七百年前，這樣的規模是十分驚人的。城中還包含有竹林水塘，甚至有大片的菜地。在朱元璋的心目中，南京已經不僅僅是一座城市，簡直可以成為一個自給自足的國中之國。

也許是朱元璋作為祖先，起了不好的帶頭作用。在明朝的十六個皇帝中，能安心好好幹皇帝這份工作的少之又少。好不容易仁帝和宣帝共同開啟了「仁宣之治」，接下來就被英宗一場荒唐的戰爭揮霍殆盡。

要不是有于謙吟著「**粉身碎骨渾不怕，要留清白在人間**」的詩句誓死保衛北京城，整個國家都面臨著覆亡的危險。可以說，明朝的皇帝們實在是不適合當皇帝的。乞丐朱元璋的子子孫孫們，不是熱衷打獵，就是執迷於數錢，或者人生最大的理想是成為一個優秀的木匠……由此我們可以看出，遺傳基因在某些時候實在非常重要。

但在開國的時候，朱元璋對治下的疆域和人民是懷著美好的願景的。他按照自己的經驗，制定了一套獨特的中央集權制度和經濟制度。這些制度對後世影響深遠，既促進了明王朝的發展，也促成了明王朝最終的滅亡。

在明朝的集權制度中，任何一個地方的小小官員，都要由中央任免，薪資和預算也要經過中央政府的核算才能下發。朱元璋同時認為在前一個漢人建立的政權宋朝，國家對文人士大夫的態度過於寬容，使得官員自由散漫，導致了國家羸弱。針對這個問題，他制定嚴刑峻法，多次發起整肅運動，興文字獄。在經過了元朝的黑暗統治之後，曾經編織了中國最瑰麗文化的文人墨客，再也沒有迎來他們的春天。

明朝的稅收制度是很適用於傳統的小農經濟的。朱元璋規定每戶要根據財產數量上繳一定的穀物和布匹，同時有一些徭役需要一個地區的人家輪流服役。還有一些需要自己貼錢的徭役，例如負責運送糧食的人必須自己補充一路上損耗掉的糧食；管理驛站的人要負責供應所有來往旅客的食宿。

這些徭役理論上會由比較富裕的家庭負擔，在一三九七年，明朝的戶籍統計顯示全國擁有七百畝以上土地的人家一共有一萬四千三百四十一戶，朱元璋親自看過這些人的名單，御筆朱批他們應當承擔更加沉重的徭役負擔。這種稅制，很有些今天累進稅率制的味道，收入多的人負擔更多的稅收，更多的徭役。

朱元璋不是個有時代眼光的人，所以他要求實行禁海令，所以他期望國家永遠處在封閉的小農經濟的形式下。可生產力在發展，時代在進步，這種維持原狀的意願是與整個世界背道而馳的。他的思想束縛住了中國發展的腳步，也束縛住了整個大明朝。

「仁宣之治」時，明朝到達了一種鼎盛狀態，可還是禁不住接下來六七位皇帝的折騰。到了萬曆年間，生產力和生產關係的矛盾逐漸尖銳，四處都有農民暴動的烽煙。朝廷中的有識之士逐漸產生了改革的念頭，首先在各地方，小地區、短時間的進行改革。直到張居正出任萬曆首輔，總結了各地改革的經驗和教訓，制定了整體的改革措施。因為萬曆皇帝年幼還未親政，這次改革由張居正主持，並得到了大部分朝臣的支持。

張居正改革在中國改革史上占有重要地位，其中的很多政策在當時都十分先進，並且具有突破性。自秦建立統一王朝以後，歷朝歷代進行的改革中，少有能夠成功的。但張居正的改革，至少在當時看來是成功了。時人對他和他的改革評價甚高，甚至稱他為「救時宰相」。

張居正以專權和蠻橫的態度執掌了十年朝政，為國家帶來了豐厚的稅收和強大的軍事力量。然而在他死後卻遭到萬曆皇帝的徹底清算，正如黃仁宇先生在《萬曆十五年》中所講，十年之後，「世間已無張居正」。

身兼數職首輔大臣

明朝建國初年，國家全面加強了君權。廢除了可以和皇帝分庭抗禮的宰相職位，國家改為內閣制。內閣首輔說起來是個風風光光的職務，但實際上只不過是皇帝的祕書，真正的決策權只掌握在皇帝一人手中。權力一旦失去限制，就會遭到濫用，明朝歷代皇帝的日漸墮落就是最好的例證。

長時間的無人管束使皇帝們沉迷於聲色犬馬，驕奢淫逸。明朝中葉的幾位皇帝都是以長時間不務正業聞名於史。正德皇帝愛打獵，便在京城修了個豹房，豢養一些珍稀動物，還常常從大街上擄走有夫之婦充盈後宮；嘉靖皇帝沉迷於修道成仙，三十年未上朝；隆慶皇帝雖然會上朝去聽朝議，可從來不發一言，讓很多人忍不住懷疑他是個啞巴。總之，明朝的皇帝們極盡了怠政之能事，似乎全世界最不可靠的皇帝都聚集到這個朝代來了。

近百年的光陰中，國家的最高元首就是個擺設，這種情況下，大明朝這部國家機器還在正常的運轉，實在是一個奇蹟。當然，有很多人窮盡一生努力只為了有一天能坐到高高在上的位置，處理國家大事。皇帝位置坐不了，首輔大臣的職位就成了主要目標。

於是乎，在萬曆皇帝登基前，明朝內閣的鬥爭十分激烈，首輔幾乎一年一換。這樣一來，朝中人人拉幫結派，各黨派間明爭暗鬥，有時竟然在朝中大打出手，吏治混亂到極點。

為了能在這片混亂中當上內閣首輔，張居正付出了很多努力。他自幼天資聰穎，才思敏捷，絕對是有思想有深度的青年才俊。十三歲時，他寫過一首詩「**綠遍瀟湘外，疏林玉露寒。鳳毛叢勁節，直上盡頭竿。**」竹在中國文化中是君子的象徵，小小年紀的張居正就以竹子自喻，可見他的志向高潔。

與理想比起來，現實總是殘酷的。為了能坐上萬曆首輔的位置，張居正所做的事情，絕對是君子所不齒的。

嘉靖四十二年，萬曆皇帝朱翊鈞生於裕王府。他的生母李氏是當時裕王妃陳氏的婢女，因為生的貌美，得到隆慶皇帝的青睞，生下皇子後，又封為妃。張居正在嘉靖三十九年進入裕王府做老師，在裕王即位成為隆慶皇帝後，又成為了內閣輔政大臣。這個時候嚴嵩、徐階、李春芳陸續倒臺，高拱成為了內閣首輔。高拱本是張居正的朋友，兩人為了爭奪首輔大臣的位置反目成仇。張居正審時度勢，很早就聯繫了隆慶皇帝身邊的太監馮保和萬曆皇帝的生母李氏，為自己增加政治籌碼。

隆慶皇帝沉溺酒色，登基六年後突然中風，一病不起。臨終託孤時，他下令馮保擔任掌印太監，高拱和張居正共同輔佐年僅十歲的萬曆皇帝。張居正利用自己的影響力，將出身低微的李氏封為慈聖皇太后，與正牌皇太后陳氏平起平坐。李氏感念張居正對她的幫助，也跟馮保一起支持張居正。

小皇帝不過十歲，還弄不明白朝中的權力紛爭，整個人都是被操縱在皇太后和馮保手裡的。於是李氏和馮保以皇帝的名義下旨，革除高拱首輔職務，升張居正為內閣首輔。曾經擊掌為誓要共同治理好大明朝的高拱和張居正，在利益面前徹底決裂。

但張居正這個內閣首輔當得可是一點也不輕鬆，要治理國家不說，還肩負著小皇帝的教育任務。李太后一直對小皇帝要求嚴格，如今又十分信任張居正，就認為只有張居正才能把小皇帝教育成為一代明君。張居正也並未推託，旋即接受了帝師這個新身分。

現在的清宮劇給現代人很多誤解，好像皇帝每天都要臨朝聽政。實際上，上朝的日子是很辛苦的，每天天不亮就要起床，皇帝還好，大臣們要在晨曦中走很遠的路到宮中集結，進行朝議。夏天還好，如果是冬天，誰都不願意每天起那麼早趕路。所以大型的朝會一般是十天一次，期間會有小規模的朝會，和皇帝討論一些亟待解決的問題。

萬曆皇帝還小，在不上朝的日子裡，就要待在文華殿讀書。張居正為他制定了詳細的學習計畫，還撰寫了講述堯舜以來帝王治國得失經驗的《帝鑑圖書》作為教材。這書不光有故事，還有插圖，簡直堪比現在的小學歷史書。

在明清時期的文人筆記、小說作品裡，對張居正的描寫褒貶不一，但歷史上還是稱他為「明朝第一宰相」。大概正是因為他有再多野心，對小皇帝的教育還是盡心盡力的。他一心想把萬曆皇帝教育成一位勤勉清廉，愛民如子的好君主。在皇帝的教育問題基本解決了之後，張居正就要著手進行改革。

改革在明朝並不是新鮮事，前任首輔徐階就曾下決心改變王朝的積弊，日日埋首內閣處理政務。裁撤冗員，完善律法，提高軍隊的待遇。可這些措施只是對千瘡百孔制度的小小修補，無濟於事。

高拱當政後，否定了徐階的改革，也提出了自己的改革方針，結果依然不盡如人意。張居正總結了失敗的原因，這些改革都過於表面化，並未觸及到帝國的深層問題。能夠決定國家命運的政治、經濟問題都未有提及。

張居正仔細考量了大明朝面臨的根本問題，又一次制定了詳細的改革措施。在小皇帝和皇太后的絕對支持下，張居正主持的這場改革得以順利實施，為有氣無力的大明朝帶來了一股清新之風，也為中國改革史留下了濃墨重彩的一筆。

考成法：反腐先鋒鐧

在剛剛考中進士時，張居正的興趣就和一般人不一樣。當時的讀書人喜歡吟詩作對，把酒言歡，張居正最熱衷的活動是散步。放到今天，他也許也能成為個養生專家、徒步行者什麼的。

在明朝他的目標要遠大的多，「周行阡陌間」是為了考察這一年農作物的收成和普通民眾的生活疾苦。那時社會生產力發展了很多，手工業和商業的規模也逐漸增大，但作為世界上最大的農業國，大明朝還是要靠種地維持國家經濟的。從年輕時就能靠近基層，紮根農村，為日後張居正登上帝國的巔峰打下了堅實基礎。

隆慶元年張居正進入內閣時就上過《陳六事疏》，裡面提出了針對當時時弊的改革方案。然而隆慶皇帝畢竟不是秦孝公也不是宋仁宗，對他的改革方案絲毫未予理會。第一次嘗試失敗了，變法的念頭卻在張居正心裡紮了根，等他成為了內閣首輔，小皇帝也對他言聽計從時，便挽起袖子，折騰出了一場前所未有的大場面。

張居正認為「**致理之道，莫急於安民生；安民之要，惟在核吏治。**」中國社會官本位形態根深蒂固，讀聖賢書要「修身、齊家、治國、平天下」，讀書人的終極理想都是做官。可為官之後，很多人就忘卻了自己的初衷，只顧自己的利益，不再把國計民生放在心上。因為無人監督，官員奢靡之風越演越烈，很多真正有能力的人才被排擠，朝中盡是汲汲營營之徒。所以改革的首要任務，是「尊主權、課吏職、信賞罰、一號令」。

明初規定，皇帝直接掌管六部，有情況上報時可以繞過內閣。這種加強皇權的設想很好，不過前提是所有皇帝都要像清朝的雍正皇帝一樣勤勉，這種要求對明帝們來說，門檻顯然太高了。面對每天堆積如山的奏章，皇帝只好依靠宦官，造成了明朝一度的宦官專權，其最有代表性的就是魏忠賢。因為皇帝怠政，無人處理政事，很多事情都無法做出決斷，國家機器運轉緩慢，效率低下。

張居正為改變這種狀況，開始加大內閣的權力，由整個內閣分擔皇帝的一部分責任。明朝負責監察六部工作的部門叫六科，負責監察其他官員品行的部門叫都察院。改革後，內閣可以透過六科和都察院控制六部。六部又是各地方官員的總領，各個地方政府和中央部門的權力經過層層傳遞，最終彙集到內閣手中。

這樣即有效的加強了中央集權，又不會把權力過分的集中在一個人身上。但凡要做出重要的決策，比如重要職位的官員任免，都要經過內閣十三位成員的簽字同意，如果有一人不同意，哪怕皇帝下旨，也無濟於事。

內閣成為了變法的指揮中心，張居正最擔心的是馮保過於干政，還特意警告他約束好自己的黨羽，不要參與六部的政事。經過這樣一番改變，政事的處理和傳達都通暢了很多，國家的組織形式也比從前更科學，運轉的更流暢。

長時間的政令不通，使得官員不作為之風盛行。當上官之後不思進取，只想著如何賄賂上官以加官進爵。萬曆元年，剛剛當上首輔的張居正就創立並且頒布了考成法，進行官員考核制度。每位官員的日常工作內容要做成文字記錄，複製三份，一分由六科保存，一分送呈內閣，還有一分留作底本。地方想要隱瞞的由六科檢舉，六科忽略的由內閣直接查處，層層監督，每月進行考查，年底還有總結。根據一年的工作情況來決定官員是否盡心盡力，從而決定下一年是升官還是革職。

人畢竟都是有私欲，完全靠自覺不可能，必須有人監督。考成法設立和施行之後，立刻給明朝官場帶來一股清新之風。這種高度集中又層疊有序的行政系統，搭配著完善的問責機制，確保了官員的品質和工作效率。其思想在核心方面甚至已經具有了現代社會的行政體系的雛形。後人作《明書》時讚嘆改革的成效，雖「**萬里之外，朝下而夕奉**

行，如疾雷迅風，無所不披靡。」

整頓吏治會觸及大多數官員的利益，因此也遭到了很多同僚的反對。重疾須下猛藥，張居正和馮保暗中指使東廠，派出特務除掉了反對最為強烈的二十餘名官員，殺雞儆猴，打壓反對派的氣焰。時值考核官員業績的「京察」之時，張居正又規定對四品以上官員進行考核，能力差和無作為的官員一律罷免。為了向天下表明嚴懲不法官員的決心，張居正把馮保的侄子革職，因為他無故毆打平民百姓。

總之，這場對吏治的整頓確實令大明朝整體為之一振，精神抖擻了起來。中央發布了什麼政令，也能在第一時間傳達到王朝最偏遠的角落，並被確保執行。政令傳達之路的暢通是變法繼續進行的前提，張居正恩威並施，讓大明朝從最基本的行政機構上接受他的變法。他的改革不能單單停留在吏治上，還有更加困難的軍事和經濟等著他呢！

良相與名將的合作

歷史上有個說法，說北宋多名相，南宋多名將。原因大概在於北宋重點在治國，南宋重點在確保國家還存在。這件事同時也說明了，一個國家想要同時擁有會治國的大臣和會打仗的將軍，實在是不容易的。好在到了明朝萬曆年間，這種情況出現了一次。

我們總習慣於把衛青、霍去病、岳飛、戚繼光、鄭成功等人一股腦的算作民族英雄，但若從宏觀上看，曾為保衛中華民族做出傑出貢獻的，只有抗倭的戚繼光和收復台灣的鄭成功。

鄭成功暫且不提，現在要說的是曾為大明朝的邊防做出過重要貢獻的戚繼光。提高軍事能力、加強邊防守備是張居正改革的重要內容，而戚繼光則是這條措施的重要組成部分。明朝中後期，因為氣候進入了寒冷期，原本生活在遙遠北方的游牧民族不得不選擇南遷。明朝的政權是從蒙古人手中奪取的，因此歷代皇帝都對來自北方的威脅十分忌憚。明成祖朱棣堅持遷都北京，一是為了在自己的地盤上穩固自己的地位，二也是為了天子坐鎮北方，以對抗隨時可能前來的蒙古騎兵。

中原漢族是非常古老的農耕民族，在軍事作戰上遠遠比不上游牧民族。朱元璋趕走蒙古人建立明朝時就認清了這一點，因此定下基本國策，認為蒙古國運衰微，作為有著先進文化的大明朝應該讓他們自生自滅，不必趕盡殺絕，只要時時防備著蒙古犯邊就可以了。

事實證明朱元璋的決策還是有遠見的，明英宗輕易帶領著不善戰的軍隊攻打瓦剌部，落得自己被俘虜，戰火被引到北京的下場。所以之後各位皇帝對待少數民族的政策，都是防禦為主，結合互市互利的經濟措施，確保邊境的安寧。

張居正擔任首輔後，認為王朝最大的威脅還是來自北方草原。於是堅決要求「外示羈縻，內修守備」，內外兼修，給大明朝練成金剛不壞之身。

所謂內修守備，指的是要加強北地邊境的防禦事項，同時提高自己軍隊的戰鬥能力。宋朝以後統治者重文輕武越發強烈，知識分子不再像漢唐時期那樣文武兼備，尤其到了明朝，統治集團中文臣和武將的分化十分嚴重。

張居正是內閣首輔，自然是不懂行軍打仗的。好在他沒像很多明朝大臣那樣剛愎自用，而是大膽啟用了譚綸、戚繼光、王崇古、方逢時、李成梁等很多實力強勁的將領。他命這些將領主持兵部和邊鎮的防務。大大加強了薊鎮、宣府、大同、山西和遼東等地的防禦能力。這些名將中，和張居正關係最為密切的，就是戚繼光。

戚繼光算得上是天才將領，明朝中葉倭寇在東南沿海一代燒殺搶掠，朝廷一籌莫展，只得靠海禁來防止。戚繼光奉命去剿滅倭寇，招募了一批熟悉水性的志願士兵，訓練水軍。他軍紀嚴明，訓練得當，還設計和發明了很多獨特的武器和陣法，以對抗那些來自大海的威脅。東南海患暫時平定之後，戚繼光被北調到了薊州，並在此駐守了十五年之久。

改革開始後，戚繼光和好友譚綸在張居正的支持下，對薊州的軍備進行了很大的改變。譚綸這個人也頗具傳奇性，他本是文臣出身，卻偏偏喜歡軍旅生活。總是借著巡查的名義到各個前線去，參與軍隊的操練或者戰鬥。

戚繼光北調後，兩人合作在北方開始了新式軍隊的訓練。從江浙一帶調動了一些已經由戚繼光訓練好的士兵補充北地軍營，使北地守軍擴大到兩萬人。後來張居正完全掌握內閣後，又同意北方招募的邊境部隊都交由戚繼光訓練三年。總之，這些邊境將領為張居正的軍事改革作出了很大貢獻。

訓練軍隊的同時是重修長城。長城在秦朝被廣泛應用，從那以後就從未離開過漢族統治者的視線。為了抵禦游牧民族的入侵，只好在山脊上修建堅固的城牆。張居正下令各地大舉修築明長城，重點設防地段使用磚石，裡面填充泥土石塊。這樣經過改進的長城，在防禦能力上比前幾代的長城都有所進步。經過了幾百年的風吹雨打，再堅固的岩石也抵禦不了時光的侵蝕，那些久遠年代裡建造的長城紛紛坍塌，唯有明長城還能保持著些許當年的模樣。

訓練部隊也好，修築長城也好，都是一種被動的防禦措施。要完全的解決問題，還要從漢蒙關係入手。明朝初期的民族政策對少數民族持著歧視和不歡迎的態度，這與漢民族的文化優越感是分不開的。漢人自認為掌握著先進的生產力和科技，而將來自北方的少數民族視為蠻夷，是未開化的野蠻人。張居正徹底調整了這種態度，力求加強漢蒙雙方的有好往來。

隆慶四年（一五七〇年），蒙古俺答汗因為家庭矛盾一怒之下投降明朝，張居正和王崇古立刻備下厚禮去迎接，並極力說服俺答汗帶領整個部落與明朝議和。第二年雙方終於達成了和議，明朝封俺答汗為順義王，他屬下的六十五人都被授予了官職。並且商定了在邊境處開放十一處互市市場。

游牧民族屢屢南侵，其主要目的是為了掠奪財物。北地嚴寒，逐水草而居的生活具有很大的不確定性。當遇到自然災害十分嚴重的年分，游牧民族的財產損失慘重時，他們只有選擇搶奪定居的漢人以維持生計。

加強軍備和邊境守衛是治標不治本的，真正能夠解決問題的措施，還是在經濟上。也就是說，如果在漢人的幫助下能讓蒙古人的生活水準得到提高，雙方的戰事也就可以避免。

張居正是在明朝官場裡打滾的人中龍鳳，恩威並施這一手也練得爐火純青。要對付蒙古人，硬碰硬，打不過，一味退讓，他們會繼續入侵。只有一方面加強自己的軍事力量，一方面和邊鄰搞好關係，在敦親睦鄰友好的同時也做好戰爭準備，才是國家成熟的表現。

這一系列內外兼修的政策是非常成功的，史書記載「**戎馬無南牧之儆，邊氓無殺戮之殘**」，遼闊的北部邊境「**九邊生齒日繁，守備日固，田野日辟，商賈日通**」。在頻繁的互市互利之中，漢族和蒙古族人逐漸融合，民族矛盾被緩和，邊境迎來了難得一見的繁榮。

賦稅之鞭：「一條鞭法」

商鞅變法之後，土地私有就不再是一種夢想。不過在地主階級占統治地位的封建王朝，農民要使用土地也不是無償的。土地是農民生存的根本，是農業大國立國的基礎。

農業稅則是國家財政收入的主要來源，歷朝歷代有不同的稅收制度，這些制度在我國持續了上千年。

允許土地買賣後，土地兼併現象嚴重。好的方面來說，出現了很多失去土地的農民，開始從事手工業、商業，促進了國家生產力的發展。壞的方面看，大面積土地控制在少數豪強家族手中，又缺乏有效的監察機制，瞞報現象嚴重，國家的稅收年年流失，國庫空虛。民間存在的現象則是貧者益貧、富者益富，於是「朱門酒肉臭，路有凍死骨」。財富分配不均，國家入不敷出，很容易引起社會的動盪。宋朝的滅亡，經濟上的原因就在於終宋一世，也沒有找到更為經濟有效的稅收政策。

對此張居正也有很深刻的認識，土地兼併問題、稅收問題如果不解決，「**私家日富，公室日貧，國匱民窮，病實在此**」。在萬曆六年（一五七八年），朝廷頒布命令，開始對天下私人所有的土地進行丈量。

針對全國範圍的土地清查並不容易，所以這次清查共花費了兩年時間，直到萬曆八年才得到了詳細的資料。這次丈量的結果十分驚人，整個明朝上下被查實的能夠上繳糧食的土地共有七百零一萬三千九百七十六公頃。

萬曆九年（一五八一年），張居正開始以強硬的態度推行一條鞭法。明朝的稅制非常複雜，農民需要繳納的糧食並不是在一次徵收的，而是分為夏糧和秋糧兩次徵收。除了糧食之外還有布匹、徭役和一些其他義務，項目繁多。環節複雜，農民容易混亂，稅款也容易被負責的官員貪汙，所謂一條鞭法，就是把這些零零散散的苛捐雜稅都合併為一條，也不再按照人口的多少來徵稅，而是根據每家擁有的田產徵收。擁有土地多的人家多繳稅，土地少的就少繳，公平合理。

明朝還沒有出現基層公務員這種工作，所以在之前的稅收制度中，每戶人家都有必須承擔的公共事業任務。包括運送糧草、管理糧倉、砍樹、修路、管理驛站等等事情都要由鄰里輪流負責。一條鞭法施行後，這些零碎的事情都被折合成稅銀，按土地數量來計算，稱為丁銀。那些不想服徭役的人家繳納一定的丁銀，由官府統一用這些丁銀雇人替他們服役。

以前收稅的時候要經過里甲這一管理層，無形中增加了一道手續，也增加了銀兩被貪汙的風險。改革後，所有稅收都由官府接手，統一徵收，確保不出紕漏。

原本以物質形態存在的稅賦，折合成銀兩繳納，是商品經濟發展後的必然結果。這種辦法也不是張居正首創，在嘉靖年間一條鞭法就斷斷續續施行過一些時日，只是範圍並不大，且因遭到了豪強地主和貪官汙吏的強烈反對，最後只得作罷。直到萬曆九年，張居正執掌大局，才能以極其強硬的態度持續的在全國範圍內施行。

稅收制度就像組織形式一樣，都要和生產力相適應。隨著土地兼併現象的嚴重，農民大多為逃避稅賦遠走他鄉，還有很多乾脆揭竿而起。這些事情都導致明初制定的的稅收制度已經不再適用於當時的社會經濟條件，這是一條鞭法受到歡迎的前提。

為了掌握一條鞭法的實際效果，在萬曆四年（一五七六年），張居正先在湖廣地區試行了一年，確認這是一條成功的稅收制度之後再逐步向全國推廣。一條鞭法能夠有效得從擁有大量土地的豪強大戶手中收稅，而那些只有很少的土地的農民的生活負擔就會大大減輕，不會再因為人口多而多繳稅。

其他已經失去了土地，成為手工業、工商業者的農民，也不用再承擔沉重的稅賦和徭役。以土地的數量計算稅賦，把徭役折合成銀兩，都是封建王朝對子民人身控制逐漸削弱的表現，農民不再被緊緊束縛在土地上。

這種措施對農業生產的穩定和發展是有促進作用的，並且對商品經濟的發展非常有好處。糧食不再作為稅賦上繳，更多的農產品流入到市場中，成為商品。以物易物不再流行，貨幣經濟充分發展。豪強大戶不再強行占有土地，因為更多的土地意味著更多的稅賦，土地能夠回到願意耕種土地的人手中。從管仲時期就形成的重農抑商的觀念也在悄悄轉變，有錢有勢的人開始轉而進入商業領域。

這項變法措施對明朝的經濟發揮了極大的促進作用，國家經濟繁榮，政府稅收增加，而且幾乎是立竿見影，到了萬曆十年（一五八二年），明朝的富庶程度就達到了一個新的高度。從荒淫無度的正德皇帝登基到此時，國家還沒有這麼欣欣向榮過。據記載，一條鞭法施行後，明朝的國庫充盈，糧倉裡存儲的糧食可以支援國家十年的消耗；黃金甚至達到了四百餘萬兩。

奪情鬧劇

蘇東坡曾說「高處不勝寒」，是他一生宦海沉浮的真實寫照，又何嘗不是所有身居高位之人人生悲劇的寫照呢？大抵正如王安石所說，既然下定決定要變法，那麼「人命不足恤」，歷朝歷代主持變法的大臣幾乎沒有得以善終。位極人臣、風光一時的張居正也沒能走出這個結局。

古人堅信百善孝為先，一個人如果連最基本的孝道都做不到，那肯定成不了大事。天地君親師，生身父母的恩情，是僅次於天地和國君的。皇帝死了要全國縞素，父母去世子女則要守孝三年，這是明文規定的禮法。

在遙遠的蒙昧時期，天真的古人真心相信死後有靈魂，會去另一個世界生活，因此視死如視生。除非在非常動盪的時期，否則就算是皇帝，父母去世也必須按照禮法，服喪守孝。

皇帝是天子，在這方面可以從簡，一般有三天、三月也就可以了。一般人則必須守滿三年，這三年中不得出仕，如果在任職期間父母過世，就要辭官回家。三蘇父子一生在官場上不得志，有一部分原因就在於此。每當他們受到重用，準備大顯身手的時候，就會遇到必須回家服喪的境況。三年以後重新回朝，則已經物非人非。

在萬曆五年，風頭正盛的張居正也遇到了這種尷尬。他的父親因病去世，如果按例回家守孝，那他苦心經營的變法事業就可能被反對派徹底毀掉；如果不走，就要背上不孝子的名頭，被天下人唾棄。

從張居正的角度看，他是不想離開京城的。畢竟他努力半生才得來了這一點成就，怎麼忍心因為父親的去世就眼看著這成就毀於一旦？好在這個時候張居正大權在握，太后對他言聽計從，皇帝也還沒有長大到能影響他的決策的程度，所以他大可以一手導演一齣「奪情」鬧劇，再心安理得的不去守那長達三年的父喪。

據史書記載在得知張居正要回家守喪的時候小皇帝曾說「國不可一日無張先生」，因此下詔「奪情」，對張居正回家的請求不予批准。從唐朝以後，為皇帝工作的史官就逐漸喪失了他們的職業道德。像司馬遷那樣敢於在漢武帝還活著時就敢寫《武帝本紀》的史官早就成為了傳說中的人物，因此我們現在看到的歷史其實有很多都被美化了。

雖然不能說「奪情」的詔書絕對是在張居正的授意下才頒發的，但也不能說這件事跟他沒有任何關係。反正我們看到的結果就是，萬曆皇帝和張居正一起來了場政治秀，一個言辭強硬的不予批准，一個三番五次上書懇求，等到雙方都覺得這戲碼做足了之後，張居正才半推半就地接受了「官場守制」。

這次明顯言不由衷的君臣爭論引起了很多大臣的不滿。本來嘛，誰都不是傻子，前朝又有那麼多實例可循，魏文帝曹丕篡漢之時，也是逼迫漢獻帝下了多道詔書要求禪位，自己再做出絕不接受的姿態，直到詔書下到第三道，才在眾人的稱頌中登上皇帝之位。張居正雖然還沒到謀反篡位的地步，但給人的印象絕對是貪戀權位。這種「司馬昭之心，路人皆知」的把戲充其量只能作為藉口，要想讓本就反對的人信服，只怕比登天還難。

任何一場變法中都會存在為數不少的反對派，如何處理好和反對派的關係，可是一門大學問。態度太強硬，天下人會認為你為了排除異己不擇手段；一味退讓，又會影響到正常工作的開展。在改革前期，張居正就妥善的處理了反對派的問題。處理的方法因人而異，對那些四處散播流言，擾亂變法的人給予堅決的打擊，不能姑息。而那些僅僅是持不同的看法，並無作亂之心的人，只是把他們調任到其他部門，或者直接讓他們退休還鄉。

可在奪情事件發生後，張居正處理反對的官員的辦法就不再這麼理智，甚至可以說是恐怖。那些公開指責張居正貪戀權位、不忠不孝的官員，遭到了皇帝和張居正的嚴厲打擊。明朝自太祖朱元璋開始，恐怖政治就發展的很好，東廠和錦衣衛無處不在，監督朝中的大小動向。對於這些上疏要求張居正去職守喪的官員，張居正使出了鐵腕手段，徹底剷除這些反對派在朝中的勢力。

這些人或被革職為民，或被發配充軍，還有的被下到錦衣衛大獄中，受盡非人的待遇。在朝會時反對最為激烈的官員，則會被當場杖責，午門外的廣場上哀嚎一片，有些體弱的官員被當場杖斃。現在電視劇中的「推出午門斬首」即從此演繹而來。從這裡也可以看出，明朝對待文臣士大夫的態度與宋朝大相徑庭。有明一世，在午門廣場上杖斃官員的事情時有發生，讀書人的好日子真是一去不復返了。

奪情風波過去後，張居正任用官員的態度也開始轉變。之前，他始終堅持以真才實學作為考察官員的標準。只要是有本事的人，即便身處反對派的陣營，即便是對手高拱的僚屬，一樣可以得到重用。可現在，對於反對他的官員，張居正一概貶斥，再不錄用，也開始以個人喜好任命官員。這樣的做法，給改革造成了一定的阻礙，也為他日後的悲劇埋下了禍根。

喪鐘為誰而鳴：「世間已無張居正」

有部電視劇名叫《萬曆首輔張居正》，由演慣了大人物的唐國強扮演張居正這個毀譽參半的人物。但是不知為何，電視劇把張居正塑造的幾乎完美無缺，連他的死，都帶著某些悲壯的意味。可事實上，以後人的眼光看，張居正的死實在令人有些無語。

萬曆十年（一五八二年），張居正的痔瘡宿疾復發。萬曆皇帝派了名醫去給張先生診病，又賞賜了很多藥物補品，可病一直不見好。拖了不少的時間，張居正自己也覺得可能熬不過去，向皇帝舉薦了一些關鍵的官員人選，交代了後事之後，與世長辭。

不管是萬曆皇帝還是太后，對張先生都是很尊敬的。雖然說到了青春叛逆期的萬曆皇帝對張居正有各種想法，可人都死了，也沒必要追究什麼。於是乎，萬曆特意輟朝一天，以表達對張居正之死的哀傷。出殯之時「贈上柱國，諡文忠，命四品京卿、錦衣堂上官、司禮太監護喪歸葬」。在之後的一段時間裡，張居正都是全國上下緬懷的一位鞠躬盡瘁的大臣，得到皇帝的尊敬。

張居正掌權後得罪了不少人，很多反對變法的官員都伺機報復他。他的死無疑給了這些官員製造了反敗為勝機會。大太監馮保是張居正的利益相關者，也是盟友。張居正一死，馮保的勢力被削弱了很多。之前，萬曆皇帝有個很喜歡的宦官，名叫張誠。這個張誠被張居正和馮保趕出了宮，後來因為萬曆皇帝的多方努力，才得以還朝，但卻跟馮保結下了梁子。

張誠認為扳倒馮保的機會來了，就屢次向萬曆皇帝說馮保是個大貪官，家裡藏了無數寶藏。說的次數多了，萬曆皇帝也開始懷疑。加上反對黨人也開始上疏彈劾馮保，皇帝便下令，把馮保革職抄家。這一抄不要緊，查出馮保果然是個貪財之人，家產竟然有白銀上百萬兩。馮保有這麼大的問題，張居正家必定也要受到牽連，皇帝又下令徹查張家的家產。

在這裡有個很有意思的事情，值得特別說明一下。張誠在慫恿萬曆抄查馮保家時，給的理由是馮保家有很多錢，抄了家這些錢就可以歸萬曆皇帝了。《明史》記載，聽了這話之後，「帝心動」，於是抄了馮保的家。在懷疑張居正時，史書上寫的是「**帝疑居正多蓄，益心豔之**」。

也就是說，萬曆皇帝要抄家，不是出於對貪官汙吏、搜刮民脂民膏的懲戒，而是出於嫉妒和憤怒。他嫉妒馮保和張居正比他更有錢，憤怒張居正對他管束嚴格自身卻不完美。由此可見，張居正對小皇帝十年的教育完全是失敗的，這樣我們也就可以理解年幼時謙遜好學的萬曆皇帝為何會怠政四十年，成為明朝滅亡的根本原因。

處在青春叛逆期的萬曆皇帝肆意發洩著自己積攢了十年的不滿，奪去了張居正生前的一切頭銜和死後的一切優待。張家被徹底抄查，抄出黃金萬兩、白銀十餘萬兩，雖不及馮保，卻也令人咋舌。張居正長子張敬修自縊身亡，家中其他成員被關在空室之中，餓死者十餘輩；其他家人也紛紛被流放充軍。

張居正苦心經營了十年的變法大業，在萬曆皇帝的報復下徹底廢除。經過張居正考成法篩選出來的官員被悉數罷免，包括戚繼光在內的邊將被革職，限制官員特權的制度和法令也被廢除。

從此之後，大明朝就進入了一個奇怪的狀態。萬曆皇帝想要立自己喜愛的三兒子為太子，遭到文官集團的反對後，就開始了長達四十年的怠政。除了在自己的陵墓修建好時他去看了一下外，甚至一步也沒有走出過紫禁城。

神奇的是，皇帝不上朝，這個國家依然好好的運轉了四十年。文官體系已經形成了一套自動處理事情的機制，在該舉行科舉的年分依然舉行科舉，只是沒有人再去考核官員的品德和真才實學，高中的考生出任什麼職位，完全由抽籤來決定，只要不在他們自己的家鄉或是跟父兄在同一體系裡就好。

萬曆皇帝從小就是個乖孩子，張居正本來期望他成為另一個扭轉大明朝命運的救時明君，可惜他高壓強硬的教育手段卻造成完全相反的結果。萬曆皇帝不但沒成為負責任的明君，還賭氣的抄了老師的家，挖了老師的墳，真是中國傳統教育體系的悲哀。

終萬曆一朝，再沒人敢提起張居正的名字。直到天啟、崇禎朝明朝走上末路時，人們才開始懷念這位魄力非凡的改革家。不但恢復了他的名譽，還給予他極高的評價。對他的這種讚譽和推崇一直延續到清末。

魏源認為，張居正的少數民族政策是對歷代邊防政策的極大創新。利用武力威懾、經濟影響、文化傳播相結合的手段，保持漢民族和外族之間的和睦相處。這一措施影響了整個晚明，甚至清朝前二百年北方邊境的相對平靜，也是受益於此。

值得慶幸的是，改革的經濟措施被保留了下來，國家繼續實施一條鞭法進行稅收。從根源上說，張居正提出的一條鞭法是非常符合歷史發展潮流的。這種方便簡潔的稅收制度使得經濟得到發展，也給市場規模擴大提供了基礎。農民不再被束縛於土地上，經商不再是丟人的事情，手工業發展，城鎮經濟發達，十六世紀的明朝得以成為經濟繁榮的代名詞。

一百年後明朝滅亡，一切曾經的是非對錯都被掩埋在歷史的塵埃裡，保留下來的只有這些先進的經濟制度、這些欣欣向榮的生活方式和態度。只憑這一點，歷代改革家們就應該得到後世最崇高的敬意。

第十章　戊戌變法：「資本主義總動員」

積重難返，風雨飄搖的時代

那是十九世紀的中國，在當代人所著的歷史上被稱為「晚清」的時代。晚清，這個詞彙所代表的時代是多少中國人心中揮之不去的陰影。每一個時代都有它的情緒，這個時候的大清帝國滿目愁雲。

以史家的公論來看，中國進入大清就是開始了封建的衰落。雖說相比起前朝那些「從此不早朝」的君王，勵精圖治的清帝們勤政愛民，政治頗有一番新氣象，但是滿清在制度上順承明制，在入主中原的同時也一股腦的把前朝的明弊和隱疾接收了：統治制度過分集權，管理手段十分緻密，行政鏈條異常繁瑣，國家目標非常保守……海禁，閉關，高度集權——此時的大清帝國，活得緊繃而無奈。

一七九九年，中國歷史上君臨天下最長時間的乾隆帝以八十九歲的高齡駕崩，而他的繼承人嘉慶也在充當了三年的傀儡皇帝後開始自己做了主！在父親過世後的第五天，嘉慶就對乾隆朝紅極一時的寵臣和珅下了狠手——下獄抄家。和珅，這個皇帝曾經寵信甚至言聽計從的弄臣，四分之一的家產都已超過全國賦稅總收入的三倍之多，金山銀山這種對於財富的形容對於他來說真是毫不誇張，而他的所謂「門生」因為他的一言舉薦飛黃騰達的也是不計其數。

倘若以全國範圍估量，涉及的官員之數量，貪汙腐敗之巨大令人咋舌，非法斂財的勾當更是駭人聽聞。僅以此一列舉，「窺一斑而見全豹」，乾隆雖然鑄就了康雍乾盛世的千古美名，但是他死後卻留給了兒子一個外強中乾的大清，一個由內而外、由上至下逐漸潰爛的帝國。

這種潰爛，遠非一朝一代所累積。直到十九世紀中葉，這個已經開始潰爛的帝國經歷嘉慶、道光、咸豐等幾任君主始終沒有找到一種對症下藥，可令自己痊癒的藥方。對清朝統治者與士大夫階層這些掌權者來說，採取一些外出考察的手段已屬於帝國胸襟廣闊的外延，閉關鎖國的正常內部管理還是持續了兩千年君主專制的封建強權，連老大帝國的心態都沒有什麼大的變化——四海之內，唯我大清威武獨尊。

放眼世界，十九世紀這個時代的西方，卻是另外一方景象：工業革命的車輪駛過了歐洲的城市，蒸汽機的轟鳴響徹了英法的晴空，裝滿貨物的郵輪駛出了利物浦的港口……可以說，始於一七六五年的工業革命已然讓歐洲大陸處在一片大機器生產的蓬勃中，到處都帶著一股子「汽油味兒」。英國商人金雷克當年在一首詩歌中寫道：

英國人的船舶像飛蟲一樣的蜂擁雲集，
他們的印花布覆蓋了全世界。
整個印度只不過是商人總帳上的一個戶頭而已，
那些商人的貨棧裡堆滿了古代帝王的寶座！

嗚嗚而來！嗚嗚而去！

完全靠了舵輪！

嘶嘶而來！嘶嘶而去！

完全靠了蒸汽！

嘶嘶而來的蒸汽帶給中國的不僅僅是英國輪船中的印花布，還帶來了一個更吸引人的玩意兒——鴉片。

透過廣州十三洋行流入中國的鴉片令清朝人大開眼見，這種神奇的植物提取物可以帶給人難以抗拒的愉悅體驗。於是清朝上到朝廷重臣，下到普通士兵，幾乎都成為了鴉片的忠實「粉絲」。

毒品的盛行帶來的直接後果就是大量白銀從清朝流入英國，清廷持續了多年的貿易順差開始逆轉。間接的後果則是，社會生產力和軍隊戰鬥力的大幅下降。

當中國開始認識到鴉片帶來的惡果，並且試圖要扭轉局面時，已經稱霸世界的英國人選擇了發動戰爭，以徹底打開中國廣闊市場的大門。遠道而來的堅船利炮輕而易舉的嚇住了道光皇帝和他的臣子，於是中國進入了令人倍感屈辱的近代史。歷史書上所記載的，是無休止的戰敗、簽訂條約、割地賠款。然而令人驚奇的是，已經腐敗潰爛的清王朝，竟然能在這種四面楚歌、內憂外患的情況下堅持了七十年，直到一九一一年辛亥革命，才徹底結束了這個末路王朝的統治。

實際上，清王朝和英法等西方國家的衝突，代表著新近產生的工業文明和傳統的農耕文明的衝突。英國是世界上資格最老的中產階級工業國，光榮革命之後成功的從封建王朝華麗轉身，成為了君主立憲的中產階級國家。工業的迅速發展造成了生產過剩，供給能夠自動創造需求，然而這樣大規模的供給，不僅英國本身，其他進行過工業革命的國家也已經無能為力，海外擴張成為了唯一的解決辦法。於是埃及、印度等文明古國相繼成為殖民地。作為西方人眼中最神祕的東方大國，清朝很理所當然地成為了各大工業國的目標。

那時候資本主義剛剛誕生不久，世界各國間的聯繫也還處在剛開始的階段。國家之間對話的和解決問題的最直接方法就是戰爭，這一歷史時期不到兩百年間發生的國家之間的戰爭，比過去五千年發生還要多。

此時的清王朝還在堅持著小農經濟和自給自足，艱難地生存於工業革命的世界大潮之中。鴉片戰爭之後。清朝開始尋求強國之路，一八六〇年第二次鴉片戰爭之後，西方工業國和清朝的關係有所緩和，藉著這個機會，清朝大臣們進行了洋務運動，決定「中學為體，西學為用」進行工業化。想要在不改變國家構成的前提下把農業社會變成工業社會，無異於天方夜譚。甲午海戰之後，這場運動正式宣告失敗。

日本和中國的關係複雜微妙，在相當長的時間裡中國人一直把日本看成是附屬國和未開化的蠻夷。甲午海戰的失敗，徹底打碎了這場天朝上國的美夢。〈馬關條約〉的簽訂直接刺激了年輕的光緒皇帝和年輕知識分子的神經，思想活躍的他們意識到了清朝需要改變，中國需要改變。他們都開始默默的準備，沉睡中國的第一次覺醒，緩緩奏響了前奏。

甲午年：懸絲木偶的夢醒時分

一八九四年，天干紀年甲午年。這一年，年輕的愛新覺羅・載湉已經進入了自己成為光緒皇帝的第二十個年頭。成年的皇帝已經親政，可真正的國家大權，還是掌握在慈禧太后的手中。這個滿清王朝最具有權勢的女人，此時正在迎來自己的六十大壽。

光緒皇帝和慈禧太后之間的恩怨情仇，已經成為了晚清煙雲中最撲朔迷離的一章。眾所周知，在明朝和清朝前期，紫禁城中的皇帝傳統的處理政事的方式是御門聽政制度。每隔一段時間，皇帝就要在晨曦微露之中坐在乾清門的門洞前，威嚴而莊重的聽取下列臣子對各種國家大事的奏報。

在明朝的十六個皇帝中，能一年四季寒暑不斷的堅持御門聽政的皇帝少之又少，太陽還未出來之時就要穿戴整齊，坐在瑟瑟的寒風中處理潮水般湧來的天下大事，實在需要不小的毅力。古代沒有電，古人的作息要比現代人健康得多，也自然的多。到了清朝，清帝幾乎個個勤勉，尤其是康熙皇帝，在位的六十一年間，不僅用嚴格的作息要求自己，連皇子們也不能偷懶。基本上在我們現在起床的時間，勤勞的清朝官員的朝會已經結束了。

雍正皇帝之後，表面上國家在乾隆皇帝手下四海昇平，實際上已經開始走下坡路。其中一個表現就是御門聽政制度的逐漸廢除。臣子的意見都落實到文字上，用奏摺呈給軍機處，再由軍機處呈報給皇上。在光緒皇帝登基之後，國家實際掌控在慈禧太后手裡，奏章也是直接呈送給老佛爺進行批示。在皇帝親政之後，太后表面上不再過問政事，但還是在監控著奏章的呈送和皇帝的批示。這種舉動對於權力欲望非常強的慈禧太后來說並不奇怪，光緒皇帝不是她的親生兒子，在她手中當了十幾年的傀儡皇帝，如果輕易就還政與皇帝，自己的下場一定好不到哪去。

慈禧太后不僅嚴密的監控著皇帝的動向，甚至連皇帝的生活起居、大婚等事項都必須聽她的安排。自小生活在這種環境中，被迫娶一個自己根本不想娶的女人，做那麼多自己根本不想做的事情，對正處在青春飛揚的年華的光緒皇帝來說，是多麼大的折磨。慈禧太后在光緒皇帝身上進行的一系列蠻橫專權的行為，都在光緒皇帝心中埋下了深深的怨恨的種子。

此時，洋務運動已經在滿清大地上進行了幾十個年頭，很多現代化的設施從西方引進，一批批的留學生開始剪去腦後礙事的長辮子，迅速接受了先進的文化帶來的衝擊。軍事方面李鴻章一手建立的北洋水師日漸強大，從軍隊規模和武器裝備上看，可以排到當時世界海軍中的第六到第八位。

就是這樣一支充滿了希望的軍隊，在一八九四年七月和日本進行的戰爭中全軍覆沒，丁汝昌、劉步蟾、鄧世昌等著名的海軍將士英勇殉國，李鴻章數十年的心血瞬間化為泡影，洋務運動至此宣告失敗。

這場失敗徹底令清朝人從美夢中驚醒。之前的兩次鴉片戰爭中，大敗中國的對手，不論是英國還是法國，都是並不熟悉的遠方來客。到了甲午戰爭時期，大敗我們的竟然是千年來的近鄰日本，是我們最為熟悉也最為陌生的日本。

在歷史上，中國也曾多次與日本發生戰爭，但從未像這次一樣慘敗過，甚至可以說，中國一直把日本視為自己的手下敗將。在海戰中占了絕對優勢的日本勢如破竹，近現代史研究結果顯示，當時清政府在軍事上還是經濟上都不輸於日本。但正值老佛爺的六十大壽，北洋水師軍費被挪用去修建頤和園，導致整個海軍的供給急缺，彈藥不足，水軍官兵在最後關頭，只能以艦艇撞擊日本軍艦，場面悲壯慘烈。

到了一八九五年，慈禧太后不願再在國內見到戰爭了，於是年逾古稀的李鴻章隻身前往日本，在萬般無奈之中簽訂了恥辱的〈馬關條約〉，背上了本不該由他承擔的千古罵名。清政府賠償日本白銀兩億兩，割臺灣、琉球群島和遼東半島給日本，後又追加白銀三千萬兩贖遼費。割地賠款的消息傳回了京城，引起軒然大波。光緒皇帝看到了洋務運動的失敗，甲午戰爭的屈辱，他是慈禧太后手中的傀儡，是有名無實的皇帝，可他開始認識到清朝需要改變，中國需要改變。

這一年正好是科舉之年，從全國各地趕來參加科舉考試的舉子雲集京城。他們大都胸懷天下，關心民間疾苦、國家興亡。同時他們之中的大部分都是思想活躍的年輕人，在開眼看世界的魏源和林則徐的引導下，對這個飛速發展的地球有了進一步的了解。他們開始懷疑，懷疑清政府，懷疑封建制度，懷疑現存的經濟體制。

他們當中的一個人下定決心要改變這個國家，要讓更多的人認識到國家需要改變，需要變法。於是他寫了洋洋灑灑的萬言書，上呈光緒皇帝，建言拒絕求和，變法強國。這個人，名叫康有為，他有一個堅定支持他、幫助他的門生，名叫梁啟超。

公車上書：康有為等人的一腔熱誠

一八九五年四月，康有為、梁啟超共同完成了能從各方面體現他們思想的萬言書，並且聯合了當時在京城準備參加考試的一千三百多名舉子，聯名上書給光緒皇帝，這場聲勢浩大的政治運動，史稱「公車上書」。

「公車」起源於漢代，當時科舉制度還沒有產生，國家選拔官員實行察舉制。在地方上德行出眾的人被推舉後，漢朝的中央政府會派出特定馬車把這些人從家鄉接到長安城。後來產生了科舉制度，察舉制被廢除，政府的公車倒保留了下來，有點像現在鐵路局專門開通的學生專列。

在「公車上書」這一年，康有為三十七歲，嚴格來說不能算了年輕人了（但比起慈禧太后和當時清朝那些執政大臣，還是朝氣蓬勃的青少年吧）。他出生在廣東南海縣一個官僚家庭裡，少年時接受的是傳統教育，青年時代正趕上列強開始侵略中國，而廣東恰恰是整個中國最先接觸資本主義的地區，他學習了很多有關資本主義社會的知識，也親眼目睹了香港成為英國殖民地後，英國在小小的香港建立的秩序。這一切都給他留下了深刻的印象，在後來的不斷學習和實踐中，康有為越發覺得中國需要資本主義。

康有為字廣廈，註定了他有著一顆憂國憂民、願「大辟天下寒士盡歡顏」的心。早在一八八八年，康有為就藉著進京趕考的機會給皇帝上書，表達自己變法改良的政治願望。那個時候舊官僚的勢力過於強大，康有為也沒有找到適當的途徑接觸到光緒皇帝，於是他的上書石沉大海，甚至根本沒有被呈送到皇帝面前。

年過而立，名落孫山，政治主張得不到認同，回到家鄉的康有為心中，該有多麼悲涼啊。幸而時光沒有讓他褪去熱忱，歲月沒有讓他止步不前，他在家鄉開館授徒，日後成為維新派中心人物的梁啟超，就是在這個時候拜在他的門下。

從一八九〇年到一八九五年這五年間，康有為在廣東對資本主義在中國的發展進行了深入的研究。他寫下了《新學偽經考》和《孔子改制考》兩部著作，希望透過思想否定儒學和孔子，否定封建社會。這兩本著作，可以看做是康有為所做的輿論準備和理論基礎。

接著甲午戰敗，〈馬關條約〉簽訂的契機，在「公車上書」之後，五月二日，康有為和梁啟超又組織了十八省舉人們和數千對屈辱求和心懷義憤的市民，在清政府的都察院前遊行抗議。抗議最後當然不了了之，畢竟那時民主思想在中國還未有發芽之態，經濟生產水準也還停留在封建社會的模式下，不可能形成「五四運動」那樣大規模的全國性抗議。

康有為在這第二次上書中又強調了變法的重要性，但是這分千人聯名的宣言還是沒有被光緒皇帝看到。儘管如此，這場運動卻在全國激起了不小的波瀾，驚醒了不少有識之士，成為了戊戌變法的開端。

清政府秉承著一貫的息事寧人的態度，取康有為進士及第，任命為工部主事。在康有為的思想中，從未想過要推翻清政府的統治，他主張的是用溫和的改良手段，帶領中國從封建社會平穩的過渡到資本主義社會，就像我們的近鄰日本曾經經歷過的一樣。所以他欣然接受了清政府的任命，並利用這個便利給光緒皇帝呈上了第三封奏章。

這一次皇帝終於看到了他提出的強國策略：富國、養民、教士、練兵。康有為的一番慷慨陳詞，令光緒皇帝心動不已，也得到了帝師翁同龢的堅定支持，在後來的日子裡，維新派的改革設想能夠實現，也離不開翁同龢這位老先生的努力。

在高層為變法據理力爭的同時，康有為、梁啟超以及他們的支持者還在全國各地為變法進行輿論準備。一八九五年八月，維新派在北京出版了《中外紀聞》，向官僚士大夫階層宣傳變法，普及變法知識，以爭取他們的支持。同時成立了強學會，作為戊戌變法之前維新派的重要根據地。

第二年八月，維新派又在上海開辦了《時務報》，這份報紙後來成為他們宣傳變法思想最重要的媒體，在上海的強學會分會甚至一度爭取到了晚清重臣張之洞的支持。在北方的天津，嚴復在一八九七年主編的《國聞報》也為變法做了重要的輿論準備。這年年底，全國各地建立了三十三個以變法自強為宗旨的學會，設立了十七所新式學堂，向地主和年輕學子宣傳變法思想。到了一八九八年二月，譚嗣同、唐才常等人又在湖南成立了強學會，創辦了《湘報》，至此，全國維新派的學會、學堂和報館已經達到了三百多個。

期間的過程也並不那麼順利，例如報館被封、學會被禁的事情在清政府腐朽統治下時有發生。例如《時務報》就是在上海的強學會被清政府保守派強行關閉後，維新人士用剩下來的餘款創立的。

在這份報紙上，陸續刊載了梁啟超的著作《變法通議》，抨擊保守派的頑固腐化，宣傳改革科舉制度，改革經濟制度，給更多的人才和民族資本主義更多發展機會。梁啟超的一枝生花妙筆把這些議論寫的新穎而引人入勝，受到了新學士子的極大歡迎。胡思敬稱梁啟超「**名重一時；士大夫愛其語言筆劄之妙，爭禮下之。**」

維新派的準備在士大夫階層中確實發揮了一定作用，因此在康有為第四次、第五次上書光緒皇帝之後，維新變法的思想已經深入了很多人，包括光緒皇帝的心中。雖然做了多年的懸絲木偶，光緒皇帝依然沒有喪失自己獨立的思想能力，他希望藉著變法的機會發動一場政變，把慈禧太后把持了幾十年的朝政，重新奪回來。

曠世之驚

「恐自爾之後，皇上與諸臣雖欲苟安旦夕，歌舞湖山而不可得矣！且恐皇上與諸臣，求為長安布衣而不可得矣！」

這句話出自康有為呈送光緒皇帝的第五次上書，時間在一八九七年十二月。一個月之前，德國藉口兩名德國傳教士在山東被殺，強行割占了膠州灣（今青島）；俄國趁著清政府羸弱無力，出兵占領了旅順大連；廣州灣（今廣東湛江）被法國占領；英國在要求拓展新界的同時，還占領了山東威海……

軟弱腐敗的清政府對這些被非法侵占的領土不聞不問，康有為急忙進京，再次擬了上皇帝書，痛陳國之弊端，再次要求變法。從鴉片戰爭後中國人開始學習西方到此時，西方資本主義經濟體制在中國已經有了自己的很大發展。正因為有了這樣的發展，才產生了康有為、梁啟超這樣的改革派。

又經過了五年輿論和經濟上的準備，維新變法的聲勢日漸擴大，把自下而上的民眾性的訴求，變成自上而下全國性的行動也指日可待。但以康有為為代表的維新派認為，要想變法成真，必須爭取到光緒皇帝的支持。

喪失了的大片國土，光緒皇帝痛心不已，維新變法對他來說也是最後的救命稻草。康有為的這次上書跟之前幾次一樣，十分不順利。在公車上書後，他被清廷錄用為工部主事，他的奏章也要透過工部呈交給軍機處，繼而才能被皇上看到。一八八七年光緒皇帝親政後，慈禧太后已經退居幕後，但她的勢力依然龐大，遍布清廷各部門的上下。康有為的上書就被身為保守派的工部長官淞溎扣住，沒有向上級呈遞。

這件事情又被給事中高燮會知曉，他非常不滿淞溎的做法，立刻把康有為上書一事報告給了光緒皇帝，並求請皇帝面見康有為。這時恭親王奕訢又出來阻撓。奕訢這個人是慈禧太后和守舊的封建王朝堅定的擁護者，正是因為有了他的「努力」，清政府在外交上才顯得那麼軟弱。

奕訢以康有為官品不到四品，按清朝禮法，不得面見皇上為由反對召見康有為。光緒則在想辦法跟維新派接觸，下令把康有為請到總理衙門，命李鴻章、翁同龢、榮祿一起，代表皇帝向康有為詢問變法之事。

這三個人中，帝師翁同龢是唯一一個站在光緒皇帝這邊的。李鴻章雖然主持過洋務運動，但他秉承的是「中學為體，西學為用」，是「師夷長技以制夷」，對於康有為所說的仿效英國進行君主立憲，他完全不能接受。榮祿更是老佛爺的心腹，堅決的反對任何形式的改變。

在這次會面中，康有為慷慨陳詞，駁斥了榮祿和李鴻章，也進一步爭取到了翁同觚，也就是光緒皇帝的支持。

一八九八年一月，康有為呈上了著名的《應詔統籌全局折》，這份奏摺後來成為了維新變法的總體綱領。同時康有為還呈給皇帝很多書籍，包括他所寫的關於日本維新變法的《日本變政考》和一些翻譯過來的介紹西方國家改革變法過程和內容的書籍。這些書令光緒皇帝大開眼界，尤其是日本透過維新實現強國之夢，一躍躋身列強之列，更令光緒皇帝對維新變法產生了深深的認同。

同年四月，康、梁二人成立了保國會，比之前遍布全國的強國會更加完善，並且吸引了一大批堅定支持變法的士大夫和青年學子，為即將進行的變法做最後的準備。保國會在這個時候實際上成為了后黨和帝黨角力的戰場，在保國會成立後，保守派印發了很多小冊子，汙蔑維新變法，意圖讓那些產生動搖的王公貴族重新反對變法。

保守派大臣還上書彈劾，要求解散保國會，這些奏章被光緒皇帝「留中勿問」，還批示說保國會意在保國，不應解散。光緒皇帝受慈禧太后的控制多年，開始在維新派的支持下為自己的利益進行一些反抗。

當然，保國會最後還是在保守派的壓力下無形解散。這次帝黨和后黨的小小交鋒再次證明了光緒皇帝勢力的空虛，也為後來變法的失敗埋下了伏筆。可令人驚奇的是，在一八九八年六月，維新派再次上書請求皇帝下詔變法之後，慈禧太后並未表示出明確的反對，而是由著光緒皇帝頒布變法的政令。

大概這個熱愛權力又不懂形勢的老佛爺也意識到了，皇帝已經成年，有權利給他身後的江山帶來一些改變；又或者，已經年過花甲的老婦人不願再插手國家大事，只要不威脅到自身利益，她願意退居幕後。事實證明，當事情發展到後來，即將威脅到她的切身利益時，她使出的迅疾而狠辣的手段，令所有人都瞠目結舌。

目前她確實給了光緒不小的驚喜，六月十一日，年輕皇帝理直氣壯的頒布了《明定國是詔》，宣布整個大清國開始進行維新變法。

君主立憲：資本主義與封建主義的折衷

《明定國是詔》的頒行，標誌著戊戌變法運動的開始，也是光緒皇帝奪權計畫的第一步實施。老佛爺雖然沒有阻止光緒皇帝的變法，卻用另一種方式對維新派進行了打擊。一八九八年六月，變法開始後沒多久，支持光緒皇帝變法的翁同龢就被免去了帝師之職，逐出紫禁城。百日維新失敗之後，翁同龢被徹底革職，遣返原籍，這時他已經年近古稀。

慈禧太后的一手殺雞儆猴絲毫沒有動搖維新派變法的決心，而且迫於國內威信浪潮的壓力，曾經代表清政府簽署〈馬關條約〉的洋務派大臣李鴻章也被免去職務，暫時賦閒。直到一九〇〇年庚子國變時，才再一次被推到臺前，簽署了標誌中國完全淪為半殖民地半封建社會的〈辛丑合約〉。條約簽訂之後不久，這位身背千古罵名的老人就帶著內疚和遺憾離開了人世。而據統計，他一生代表清政府簽訂了三十多個不平等條約。

就這樣，康有為代表的維新派登上歷史舞臺，清朝開始按照他們的設想發生改變。比起洋務派，維新派的先進之處在於已經明白必須改革政治體制。整個世界已經進入了資本主義時代，仍然如洋務派一般困守著封建王朝的秩序，只在經濟層面改革，只能治標不治本。維新派的主張是在折衷資本主義和封建王朝，實行君主立憲制。

君主立憲制實行的最好的當然是大英帝國，十七世紀因為圈地運動，越來越多的農民成為自由勞動力進入工廠，資本主義在英國蓬勃發展。一六八八年，英國進行了不流血的「光榮革命」，英王詹姆士二世被逼退位，女兒瑪麗和女婿威廉帶兵進入英國，議會重掌英國大權。在英國持續了半個世紀的國王和議會之間的爭端終於結束，政變之後，英國逐步建立起了君主立憲制，這是世界上最早的君主立憲制，並且保留至今。

一八五三年，在中國近鄰日本海域發生了「黑船事件」，給當時同樣閉關鎖國的日本極大衝擊。日本國內產生了維新潮流，德川幕府的統治被推翻，日本開始學習西方君主立憲制。一八六九年日本開始進行明治維新，在不到三十年的時間裡就擺脫了東亞國家普遍的落後境況，一躍成為資本主義強國，並且在甲午戰爭中戰勝中國。

康有為在向光緒皇帝介紹維新變法情況時，特意呈給皇上一本他自己的著作《日本改制考》，因此戊戌變法基本是仿效日本明治維新進行的變法運動。

清朝在洋務運動中營建了不少官辦企業，但多多少少存在弊病。於是光緒皇帝下令設立鐵路礦務總局和農工商總局，在各地設有分局，鼓勵民辦企業。

明朝中葉到清末，國家一直實行海禁，閉關鎖國。失去了與整個世界的商業交流，更加導致小農經濟的故步自封，逐漸落後於世界發展大潮。此時康有為主張發展民族企業，是寄希望於光緒皇帝，希望他能夠帶領中國，補上百年來比其他國家落後的課程。因此全國各地都開設了工廠，設立了商會、商務局以保護脆弱的商業活動。

古代中國一直把經商視為低賤的謀生方式，在官本位社會中，一旦進入官場，是不會再去做商人的。隨著時代的發展這種觀念逐漸轉變，清朝還出現了胡雪巖這樣的十分成功的紅頂商人。

為了讓封建主義的中國向資本主義靠攏，康梁二人還想了很多辦法，包括提倡實業救國，後來在一戰期間得到一些發展的民族企業，很多都是在戊戌變法的影響下成立的；鼓勵私人開辦工礦企業，在著名劇作家曹禺先生的作品《雷雨》中，周樸園就是一家煤礦的主人，由此可以看出，在上世紀初，中國存在不少經營私人煤礦的大企業家，這與戊戌變法也不無關係。

戊戌變法在一定程度上認識到了中國社會存在的問題，也提出了一些解決辦法。變法最終失敗，一方面是由於一些偶然的因素，例如袁世凱的背叛、光緒皇帝的優柔寡斷等。另一方面，即便是從洋務運動時開始算起，中國中產階級發展的時間也過於短暫，而廣大的疆域和根深蒂固的封建思想使中國不能像日本那樣快速的開啟一個新的時代。

中國資本主義的發展缺乏土壤，力量弱小。在變法的過程中，帝黨的改革觸動了很多封建官僚的利益，引來了這些利益相關方一直的反對和打擊。在中產階級還未準備好，資本主義短時間內無法在中國推廣的時候發起這場中產階級性質的國家改良，不得不說是康有為等人的失誤。

科舉改制，廢除八股：文人的幸或不幸？

「考考考，老師的法寶；分分分，學生的命根。」從上小學起考試就伴隨在我們左右，形影不離。高中三年，幾乎就是為了最後的聯考而生活的。聯考制度受到從學生到老師再到整個社會幾乎一致的詬病，還是能堅持存在幾十年，實在是因為，在目前的社會環境下，一時半會兒還找不到比考試更為公平的選拔方式。聯考制度與古代的科舉制度一脈相承，所以說，選擇了讀書這條路，不管是古代還是現代，都不會太輕鬆。

考試這種選拔人才的形式是人類智慧的結晶，是生產力不斷發展的一種體現。當一定區域內的人們不用再日日為了生存擔憂，就會想要追求更好的生活，這是人類的天性。人人都想要進入統治階級，而人類已經脫離了靠武力決定誰是老大的原始社會，開始崇尚掌握知識和先進生產力的人。

在隋唐以前，官員選拔透過察舉等方式，品德出眾的人會被層層推薦到中央政府，再被任命為官員。最開始的時候人們可以堅持公正的推舉，例如在堯舜禹時期的王位禪讓。但隨著時間推移，人類的私欲加上無人監管，任人唯親就戰勝了公平正義。

這就導致社會貧富差距不斷加大，統治權力都集中在少數人手裡。漢代屢屢出現外戚專權，西漢權臣霍光被查處時牽連出霍氏幾千人，足見當時霍氏家族勢力的強大。

豪強大族把持國家重要的職位，直接或間接導致了西漢和東漢的滅亡。東漢末年，大家族勢力已經超越中央政府。晉朝時這種家族政治達到頂峰，司馬氏雖是名義上的皇族，國家大權卻是由王、謝、庾、郗四大家族輪流掌控的。

科舉制度出現後，基本上解決了這個問題，為普通人提供了一條改變命運的途徑。只要出身於老實本分的農民家庭，即便父母都不識字，也可以從小上學堂，參加鄉試會試殿試，就有機會高中進士，光宗耀祖。比較著名的例子是蘇洵、蘇軾、蘇轍三父子，蘇洵的父親是本身是不識字的農民，但培養出了三位偉大的文學家。

科舉制度是人類社會發展的重大進步，為普通人提供了追求更好生活的方式。於是在科舉制度實行了幾十年後，就出現了「舊時王謝堂前燕，飛入尋常百姓家」的境況。

隨著朝代的更迭，科舉制度也在不斷變化。而且科舉是封建社會的衍生品，在封建社會發展到鼎盛的唐宋，科舉也達到了頂峰。當封建社會逐漸走上末路，科舉的弊端也開始逐漸顯現。明清時期，國家利用儒家思想統治人民，為加強這種「洗腦」，改革了科舉的內容，不再注重實用的策論，不許考生發揮自己的想法，寫文章必須根據儒家規定的「經典教科書」四書五經的內容。

文章在結構上分為八段，因此稱為八股文。實際上，八股文的寫作和議論文寫作有相通之處，差別在於只是現在考生可以利用各種論據，而明清時的書生只能背誦聖人是怎麼說的。

前面所以要贅述這麼多，是為了說明科舉考試對於中國讀書人的重要性。明清兩朝近四百年的時間裡，讀書人的思想都被固定在為了應試而做的八股文中。久而久之，缺乏創新思想，國家只有日漸落後。

正因為這種考試的模式根深蒂固，才不可能在突然之間就被改變。因此我們無法說清楚，戊戌變法中關於科舉制度的改革，究竟是文人的幸或不幸。

康有為教育改革是徹底的，廢除八股文，廢除鄉試會試和童生的歲、科考試。不過這不代表以後可以不再考試了，而僅僅是考試內容的突然轉變，不用再寫八股文，而要考歷史、政治、時務和四書五經。康有為也沒有徹底的放棄儒家思想，只是加入了一些符合時代精神的內容。

辦學方面也開始把原來的學校改為中西兼學的學堂，改變傳統中國教育不分年齡段的方法，開設小學和中等、高等學堂。同時還鼓勵私人開辦學堂，設立一些實用的專業學堂，翻譯、醫學、農務、商學、鐵路、礦物、種茶、養蠶等等。

洋務運動期間清政府向國外派遣了很多留學生，戊戌變法期間繼續挑選和派遣留學生，還讓皇族到國外考察，並挑選了一些人到日本學習日本明治維新成功的經驗。

政府還規定要定期舉行一些考試，類似於今天的職業資格考試，有經濟、翻譯等等，還發給證書，推舉和鼓勵人才。

教育從來都不是一件速成的事情，十年樹木百年樹人，如果戊戌變法持續的時間能夠長久一些，或許我們能夠看到這一系列措施的影響和成就。在短短三個月間體現出來的，基本上都是教育改革的弊端。

讀書人保持一種思維模式已經幾百年了，有些人一生都在參加科舉考試，這個考試已經成為他們精神的支柱。雖然有些人因為屢試不第憤然改行，也有了一些成就，蒲松齡去寫了《聊齋志異》，洪秀全弄了個太平天國，而康有為自己，就是個三十多歲的老童生。他們畢竟是少數，更多的人還是把命運寄託在這場考試上的。突然之間，考試卻改革了。這就類似於辛苦準備了高中三年，背下了整本教科書，卻被告知聯考的內容全變了。長遠來看，這場改革對於當時的讀書人來說，就是場災難。

戊戌變法時有很多很有能力的人，因為改革科舉考試失去了透過科舉進入仕途的機會，導致國家人才的潛在流失更加嚴重，也為維新派掙來了不小的惡名。維新派是新興中產階級對國家的改良，卻失去了知識分子們的支持，這也是變法失敗的原因之一。

變法失敗後，改良派在一片罵聲中退出歷史舞臺。他們的改革留下的痕跡也很快被抹去，只留下了一顆星星之火。誰也不會想到，正是這顆星星之火，在二十年後，成為了醞釀另一場轟轟烈烈運動的搖籃。

保留下的火種：北大的生前身後事

清朝末年，清政府為了緩和國內矛盾，改變落後現狀，也採取了很多措施。一八六二年洋務運動中，洋務派率先在京城的總理衙門設立了京師同文館，翻開了創辦新式學校的新篇章。洋務運動雖然失敗，京師同文館卻被保留了下來，後來成為了京師大學堂的重要組成部分。

康梁二人決定發動變法時，就想到了強國必先興學，因此改革的首要措施是廢科舉、立學校。一八九五年強學會成立後，組織者就購置了大量圖書報刊，供群眾閱讀，還定期舉行演講、學術討論等活動，讓普通百姓能接觸到國外先進的科學知識和思想。

成立京師大學堂這個想法，是由當時的刑部左侍郎李端芬提出來的，一八九六年他曾向朝廷遞交了〈請推廣學校折〉，第一次提到建立京師大學堂的設想。到一八九八年維新派上呈〈應詔統籌全局折〉時，再次認真地提出了「自京師立大學，各省立高等中學，各府縣立中小學及專門學」的設想。

梁啟超在《少年中國說》中說：「**少年智則國智，少年富則國富，少年強則國強，少年獨立則國獨立，少年自由則國自由，少年進步則國進步，少年勝於歐洲，則國勝於歐洲，少年雄於地球，則國雄於地球。**」少年是國之根基，是希望，因此教育是立國之本，是統治者最該重視的一項事業。

在當時，我國現代教育還遠未起步，遍布全國的依然是教授四書五經的私塾學堂。

世界在不斷發展，不斷向資本主義世界邁步，若是不能進行良好而完善的現代科學教育，我國的民眾也只能持續的愚昧下去，國家除了落後挨打別無他法。

康梁認為，教育也要與時俱進，與生產力相適應。建立一個全國性的、能起到示範作用的高等學府尤為重要。當年六月光緒皇帝頒布《明定國是詔》時特意強調「京師大學堂為各行省之倡，尤應首先舉辦」，京師大學堂由此建立。

學校成立之初，梁啟超親自起草了《京師大學堂章程》，確定了辦學應堅持「中學為體，西學為用，中西並用，觀其會道。」這句話成為了近代中國高等教育最早的學制綱要，京師大學堂也成為了全國最高教育行政機關。一八九八年七月三日，光緒皇帝正式下令批准京師大學堂建立。因為早在一八九六年就提出過建立高等學府的設想，京師大學堂在戊戌政變中躲過了一劫，但是步履維艱，在夾縫中艱難生存。

一九〇〇年庚子國變時，京師大學堂也遭到了嚴重的破壞，不僅校舍被占領，圖書館裡的藏書也被嚴重損毀，最終沒有逃脫停辦的命運。幸運的是兩年後，穩定下來的清政府又重新開辦了京師大學堂，並重設了藏書樓。當時的正副總教習就是大名鼎鼎的吳汝綸和辜鴻銘，而嚴復、林紓則分別擔任譯書局的總辦和副總辦。學堂本來設普通學科和專門學科兩種課程，重新建校後先設立了速成、預備兩科。後來又分化出仕學、師範、政科及藝科等專業，京師同文館此時也併入了大學堂。這所歷史悠久的高等學府終於初具規模了。

由此可以推斷，在庚子國變之後到辛亥革命發生的十年時間裡，清政府還是採取了一些積極措施去改變這個已經腐朽的封建王朝的。只是這種改變依然沒有觸及到問題的核心，因此只是隔靴搔癢，不能真正改變王朝日漸衰亡的命運。

這種小範圍之內的教育制度改革也不能改變大部分國民愚昧、麻木的狀況，所以日後還是會出現魯迅先生在《藥》中所描寫到的，相信人血饅頭能夠治癒肺癆的還是大有人在。

今天的我們在哀嘆這個時代缺乏大師，同時也在懷念民國那個紛亂動盪的時代所培養出來的大師先生們。這些民國先生大多有著海外留學的經歷，他們的成就也大多與這些留學經歷息息相關，也和京師大學堂息息相關。一九〇四年，京師大學堂選派了四十七名留學生出國，成為中國高校派遣的第一批留學人員。在這些人中，就有很多在後來成為了我們所敬仰的民國先生。

一九一二年五月，中華民國成立後不久，京師大學堂正式更名為國立北京大學，是中國歷史上第一所以「國立」命名的高等學府。

不論慈禧太后是否真心的關心教育，這顆變法的火種還是在經歷重重磨難之後保留了下來。在之後的三四十年中，位於北京南沙灘大街上的北大紅樓培養出了無數思想家和學者，成為當時愛國青年交流思想的聖地。

在蔡元培任校長後，大膽聘用了諸多有著先進思想的學者，並且奠定了北京大學兼容並包的辦校思想。無數有志青年都受到過這所古老學校的文化浸潤，不論他們是否有條件在這裡讀書。

一九一九年，北京大學的學生率先走上街頭，抗議巴黎和會上列強對中國的不公，拉開五四運動的大幕。北大從此成為愛國青年的聖地，後來又成為愛國主義教育基地，北大紅樓也改建成了紀念館。走進這座古老的建築，仍然能感受到濃濃的民國氣息，還有那時人們無畏和勇往直前的精神。

逃不出老佛爺的手掌心

戊戌變法又稱百日維新，因為這場變法實際上只進行了一〇三天。一八九八年六月十一日光緒皇帝頒發《明定國是詔》，宣告開始變法；一八九八年九月二十一日慈禧太后突然出現在紫禁城，囚禁光緒皇帝，變法徹底失敗。三個月的時間裡，皇帝和改良派都想盡了辦法，希望擺脫被操縱和被誅殺的命運。可惜的是，種種機緣巧合下，被中國知識分子寄予了極大希望的這場改革運動，還是以失敗告終。

這場變法表面上看來是帝黨和后黨的鬥爭，更深入一些的看，則是統治中國幾千年的封建地主階級和新產生的中產階級的鬥爭。認清了這個事實，就會發現，這場改革在開始之時就註定要失敗。清末的經濟環境下，還十分弱小的中產階級根本不可能戰勝根深蒂固的封建主義。

三個月的時間實在不算長，而帝黨和后黨就在這三個月中，竟然發生了四次明顯的衝突，其他在暗中的爭鬥更是無法統計，可以想見推行變法時的阻力之大。帝后兩黨的第一次交鋒，發生在新政頒布的四天之後，也就是六月十五日，堅定支持變法的帝師翁同龢，則成為了這場交鋒的犧牲品。

前文說過，翁同龢在變法中是個舉足輕重的人物。甲午戰爭之前，翁同龢是堅定的主戰派，戰敗後，又主張「寧可多賠款，不可割地」。他是光緒皇帝的師傅，皇帝自小在他的教導下長大，對他極為親近。翁同龢年紀雖大，卻很能接受新事物，對維新變法是堅定的支持。一八九八年五月，后黨的重要人物恭親王奕訢病逝，翁同龢的權力日益增大。他開始利用自己和皇帝的親近引薦維新派，最終促成了《明定國是詔》的頒布。

光緒皇帝親政後，慈禧太后名義上不再過問政事，自己也退居頤和園，但實際上一切上疏都要送呈老佛爺過目。對奏摺的批示也是由老佛爺做出，再由光緒皇帝的名義發出。所以《明定國是詔》能夠頒布，實在是帝黨的一大勝利。然而就在光緒皇帝和翁同龢都沉浸在喜悅中時，慈禧太后給了他們一個大大的反擊。由慈禧太后下令，光緒皇帝下詔，革除翁同龢的職務，趕出京城，永不錄用。

看到這份詔書時，光緒皇帝絕望的不知所措。翁同龢是皇帝的左膀右臂，失去了這個心腹，在日後的政治鬥爭中，帝黨很難占到上風。不僅如此，慈禧太后還強迫皇帝下令，以後但凡新上任的二品以上官員，都要面謝慈禧太后，這樣這些官員都會成為效忠太后的后黨黨羽，皇帝的權力會被徹底架空。

翁同龢的被逐伴隨著榮祿的高升，不但出任直隸總督之職，還掌控了甘軍、武毅軍、新建軍三支軍隊的指揮權，其中新建軍的總指揮就是袁世凱。

這次交鋒令后黨掌握了更多的軍政大權，變法還在進行，但已經註定失敗。

在進行變法的一〇三天中，不斷有保守派的大臣上書，請求誅殺康有為等維新派領袖。奕劻、李蓮英等人還跪請慈禧太后重新「垂簾聽政」。在六月和七月接連發生的兩次衝突，起因都是保守派上書彈劾支持康有為等人，最後都被光緒皇帝以強硬的態度給予不同的處罰，作為帝黨對翁同龢被逐之事的反攻。

后黨雖然暫時默認了維新派的變法，但一直在暗中謀劃著如何把變法扼殺。紫禁城內外還有著太后要廢黜光緒，另立新君的傳聞。光緒皇帝自然不會老實等死，頻繁以密詔的形式與維新派商量對策。但當時的維新派既無實權也無軍隊，只能把希望寄託在搖擺不定的袁世凱身上。

中國早期中產階級革命無法成功推翻封建王朝，很大一部分原因是沒有自己的武裝力量。「槍桿子裡出政權」永遠都是硬道理，武力革命才是改變的途徑。

光緒皇帝和維新派也想到了先發制人發動政變，他們錯誤的選擇了正在天津小站練新兵的袁世凱。為了得到袁世凱的支持，皇帝兩次接見了他，還授予他侍郎的官職，希望以這種方式打動袁世凱，令他效忠皇帝而非太后。

九月十八日，在夜色的掩映下，譚嗣同隻身密訪袁世凱，向對方轉述了維新派的政變想法。他力圖說服袁世凱領兵進京勤王，利用他的兵權誅殺榮祿，把慈禧太后軟禁的頤和園，幫助皇帝奪回大權。

袁世凱表面上同意與維新派合作，在譚嗣同走後不久，就去拜見了榮祿，轉述了光緒皇帝所有關於政變的細節。帝黨就這樣被袁世凱出賣，九月二十一日，慈禧太后突然出現在紫禁城中，下令把光緒皇帝囚禁於中南海瀛臺，並且頒布訓政詔書，重返政治舞臺。這次事件史稱「戊戌政變」，標誌著整個戊戌變法的失敗。

中國新興中產階級改良派的第一次嘗試，就這樣破產。康有為、梁啟超二人因為提前得到了消息，得以逃走。譚嗣同、康廣仁等六人被捕，於九月二十八日在菜市口斬首，是為戊戌六君子。還有無數的跟變法相關的官員被革職、流放、驅逐。清政府進行了一次大規模的清洗活動，但凡有些思想的官員都被排除在朝廷之外。

境況最為淒慘的當屬光緒皇帝，在北京頤和園中至今仍保留著光緒皇帝被軟禁時的住處。只是一座最為簡單的四合院，除了送飯的大門外，其他出口全部被青磚堵死。身旁只有一個小太監和幾卷書籍，當抬頭眺望遠處的佛香閣時，光緒皇帝心中會有怎樣的淒涼？

光緒：「生得偉大，活得委屈」

閻崇年先生評說清朝的十二位皇帝時曾說過，這十二位皇帝幾乎都是勵精圖治的模範帝王，晚清的幾位承擔喪權辱國的皇帝若是放在別的王朝別的時代，保證也會有一番大作為。

可惜自經歷了鴉片戰爭的道光帝以後，清帝的日子就一直不好過。外有強敵，內有民憤，又趕上了生產力極度發展的動盪年代。封建王朝封閉的生產方式已經走上了末路，依託於封建王朝而存在的封建君主，就成為了眾矢之的。從道光算起，晚清的五位皇帝沒有一個日子過得順心，個個都說得上「非亡國之君，當亡國之運」。

咸豐帝病逝後，同治帝即位，當時年僅六歲。咸豐帝本來為同治安排了多位輔政大臣，但權力欲旺盛的慈禧太后站穩腳跟後，立刻聯合恭親王奕訢發動政變，誅殺了其他輔政大臣，由兩宮皇太后垂簾聽政。同治皇帝很快厭倦了當傀儡的命運，沒等到親政就一命嗚呼。由於身後無嗣，只能從愛新覺羅氏的旁支中挑選一位合適的繼承人。

看來看去，就找到了光緒皇帝。光緒的父親是道光帝的第七子，也就是咸豐的弟弟，母親是慈禧太后的胞妹，真是最為合適的皇帝人選。最重要的是，他此時才四歲，慈禧太后可以名正言順的把他當做傀儡。

若以正常的皇室繼承方式來看，光緒怎麼也不可能坐上皇位，他的登基完全是一個意外，而且是個不幸的意外。在他當皇帝的三十四年中，幾乎沒有獲得過快樂和自由。

這三十四年裡，大清國經歷了中法戰爭、洋務運動、中日甲午戰爭、戊戌變法、義和團運動和垂死掙扎的清末新政。然而這些被著重書寫的重大事件大多和光緒沒什麼關係，因為他的少年時期在做傀儡，成年之後又成為政治鬥爭中的失敗者被囚禁瀛臺，幾乎沒有機會展現自己的才能。

一八八九年，光緒親政。慈禧太后表面上還政於皇帝，自己退居後宮，實際上國家大事還是要經過她的批准才能實行。這時的中國新中產階級已經開始興起，市場經濟的規模日漸增大，改革的呼聲高漲。甲午戰爭打響時，光緒帝二十四歲，一心主戰，以揚大清國威。已到風燭殘年的清王朝是敵不過中產階級新秀日本的，結局只能是簽下了又一個不平等條約。噩耗傳回國內，年輕的光緒痛心疾首，決心擺脫慈禧太后的掌控，堅決進行變法。

這條變法之路走得非常艱難，中產階級維新派的力量那麼弱小，站在皇帝這一邊的大臣那麼少。光緒皇帝的放手一搏，也是為了能徹底擺脫二十多年的委屈生活，像日本的明治天皇一樣成為揚眉吐氣的改革新君。

變法開始後，慈禧太后和光緒皇帝的關係逐漸惡化。慈禧太后是他的姨母，也是他的嬸嬸，但是相信他們心裡從未把對方當做親人看待過。光緒為了能毫無顧忌的進行改革，為了能奪回皇權，聯合了維新派，希望借助袁世凱的力量發動政變，「圍園劫後」，除掉慈禧太后這個頑固的對手。

事情敗露後，慈禧太后連夜趕回紫禁城，如神兵天降般出現在毫無防備的光緒皇帝面前，訓斥他說：「**我撫養了你二十多年，你竟然聽信小人的讒言來謀害我！**」隨即收回了光緒皇帝手中那點可憐的皇權，重新實行太后訓政。光緒帝被孤獨的囚禁在瀛臺，只有一個小太監和幾冊圖書陪伴他。

光緒皇帝是戊戌變法的核心，是一切法令得以頒行的保障，所以如果沒有他的支持，變法只有失敗一條路。戊戌六君子血染菜市口，康梁二人匆匆逃離京城。初見成效的中產階級維新被扼殺的搖籃裡，中國早期的中產階級革命也只好暫時偃旗息鼓。

革命失敗，六君子死的轟轟烈烈，康梁還能在海外宣傳他們的思想，但是光緒皇帝的苦難才剛剛開始。故宮博物院的珍寶館裡有座珍妃井，旁邊是個小小的靈堂，供奉了珍妃和她的姐姐瑾妃的靈位。

珍妃可以說是光緒黯淡人生中唯一的亮色，因為有她的理解與支持，光緒才從慈禧太后那爭取到了一些自由和權力。甚至有傳言說在戊戌變法失敗後，康有為、梁啟超二人就是靠著珍妃從宮中傳出的消息，才能及時逃脫。

一九〇〇年八國聯軍攻進北京城，慈禧太后匆匆西逃，順便帶走了被囚禁的光緒。因為不便帶太多人上路，就命人把珍妃推到井中淹死，光緒也完完全全的失去本該屬於他的生活。後來那口井經過重建，原先的井臺已經不見了，只能從旁邊的標牌和小小的靈堂中探尋到一點那位善良的女子的蹤跡。

一九〇八年，慈禧太后的生命終於走到了盡頭。也許是老太后想要了結兩人一生的恩恩怨怨，在她去世的前幾天，光緒帝十分蹊蹺的死在了他的囚禁之地。我們不願再去探尋他的死因究竟為何，只是要哀嘆他一生的不幸。從所作所為上來看，光緒並不是一個昏庸無道的君主。他是一位領導了中產階級維新運動的開明的封建帝王。這改革雖然失敗了，但是給整個中國留下了深遠的影響，他所形成的動搖和改變，成為了中國近代化得以進行的條件。

飄散的鮮血和飄零的王朝

戊戌政變的發生，徹底打碎了維新派的美夢。皇帝被軟禁，康、梁二人被迫流亡，不願意離開和未來得及離開的維新志士被逮捕，六位變法英雄血濺京城。在大面積圍捕維新黨人的同時，廢除了戊戌變法期間實行的全部新政，這場幾乎彙集了新興中產階級全部力量的變法，就這樣輕描淡寫的從清朝的疆域內抹去。唯有京師大學堂逃過一劫，成為了中國無產階級革命的一個孕育地。

客觀的看，不能怪罪慈禧太后以極端強硬的手腕對待光緒皇帝和維新派。光緒皇帝畢竟不是她的親生兒子，還是被她一手扶上皇位的。在慈禧太后的眼中，這個懸絲木偶就應該老實當他的懸絲木偶，不應該有任何非分之想。

即便是在「挾天子以令諸侯」的曹操控制下隱忍多年的漢獻帝，也有過衣帶詔誅殺逆賊的抗爭。年輕氣盛的光緒皇帝更不可能讓自己長時間的處於一個年近花甲的婦人的掌控下，他必須為自己尋找出路，為內憂外患的大清朝尋找出路。

只可惜他空有一顆救國之心，卻生不逢時。在那個時代，單憑一個無實權的皇帝和一群手無縛雞之力的書生，帶不來能撼動整個王朝根基的震動。或者說，戊戌年，時機未到。

改變不是輕易就會發生的，任何一場涉及到國家的變革，都要經過無數人的切身實驗、努力爭取甚至流血犧牲。在中國，徹底的改變來的尤為不易。戊戌政變的消息傳到維新黨人耳中（有傳說是光緒皇帝身邊的珍妃把消息藏在空心的蓮藕中，才傳出了紫禁城外），康、梁這對師徒急急忙忙逃出了京城。有人勸說譚嗣同趕快逃走，譚嗣同則說：「**各國變法，無不從流血而成；而今中國未聞有因變法而流血者，此國之所以不昌也，有之，請自嗣同始。**」

譚嗣同執意以身殉國，同時寫信勸說康有為、梁啟超逃往國外，等待機會再行變法之事。沒過多久，他與康廣仁（康有為胞弟）、林旭、楊深秀、楊銳、劉光第一同被抓，在獄中寫下了那句著名的詩句「**我自橫刀向天笑，去留肝膽兩崑崙。**」

九月二十八日，這六名年輕人被帶到了北京宣武門外的菜市口。臨刑前譚嗣同大喊：「**有心殺賊，無力回天；死得其所，快哉！快哉！**」之後便決然地走向刑場，和其他五位知己一起，以血薦軒轅。

「戊戌六君子」這個稱號，表達了後人對他們的敬重，他們用自己的一腔熱血喚醒世人，推動革命的發展。可在他們生活的那個時代，在他們壯烈殉國的那一天，京城萬人空巷，百姓紛紛到菜市口去觀看維新黨人被誅殺，不是為了給他們送行，而是想親眼看著這些大惡人被就地正法，再順便帶回家幾個人血饅頭。

他們被抓之後，親友因為害怕被牽連，都閉門不出，千方百計洗清自己和維新黨人的一切關係。六君子被殺後，甚至無人為他們收殮屍身，譚嗣同的屍身直到第二年才被送回老家。圍觀的群眾抱著急不可耐和嫉惡如仇的心情，大聲喊叫著把這些亂臣賊子誅殺。普通的清朝百姓不知道什麼是維新，沒有人給他們解釋過，變法實行的三個月中，他們的生活也沒有變得更好。所以在普通人看來，所謂改革，不過是這幾個人妄想自己當皇帝；這場政變他們不關心，這幾個人的死活只不過是茶餘飯後的談資。對維新黨人來說，何其悲涼。

不過慈禧太后的好日子也要走到頭了，不到兩年之後，一九〇〇年，八國聯軍攻進北京，占領紫禁城。慈禧太后帶著光緒皇帝倉皇出逃，只留下李鴻章負責跟聯軍周旋。已經背負一身罵名的李鴻章只得再一次出現在公眾的視野中，簽下〈辛丑合約〉，在悲憤中鬱鬱而終。王朝的命運也在這之後日漸衰微，逐步走上了它的窮途末路。

庚子國變發生後的十年中，不斷有新的革命者湧現，不斷有新的英雄流血犧牲。秋瑾、黃花崗七十二烈士、三元里抗英運動……王朝的動盪已經不可挽回，皇權的傾覆指日可待。在紫禁城中，還有無數思想守舊的大臣日日粉飾太平。對於剛登基的小皇帝和隆裕皇太后來說，國內不斷出現的叛亂不過是平淡生活的小插曲。

西元一九一一年十月十日，意外打響的武昌起義在國內呈燎原之勢，終於，孫文帶領的中產階級革命派推翻了持續兩千年的封建制度。清王朝從此畫上了句號，來自滿洲的女真族後裔對漢族的統治也徹底結束。

國家圖書館出版品預行編目(CIP)資料

變法 / 王憶城作. -- 初版. --
臺北市 : 華冠文創, 2013.07

面 ; 公分
ISBN 978-986-89689-2-9(平裝)
1.中國史
610.4 102017278

變法

作　　者　王憶城
主　　編　王念祖
責任編輯　隋　鑫
文字校對　陳華雯
美術編輯　吳莉莉
封面設計　朱承武

出　　版　華冠文創股份有限公司
地　　址　台北市北投區文林北路244巷64號2樓
總 經 銷　時報文化出版企業股份有限公司
電　　話　886-2-2370-6769
地　　址　桃園縣龜山鄉萬壽路二段351號

ISBN　978-986-89689-2-9
2013年10月初版　訂價250元

版權所有　翻印必究